37度，我們剛剛好

Wynne 著

推薦序1

與自己相遇

人生由不斷的與自己相遇所構成，
與比昨天成長的自己相遇。

透過寫下自己的成長，
生活裡的所思、所聞、所見、所想，
有些是瞬間的靈光爆現，
有些是沉澱的經年累月，
有些是作者與自己的對話，
將內在經驗的頓悟透過書寫而外顯化，
篩選集結她對人生的感悟成此書，
希望她的分享與正能量，能幫助到正處於生命轉彎處的人明白人生沒有白走的路。

雖說不同的人有不同的人生，
各自有人生不同階段的心境與際遇，
但卽便是不同的個體，
也會因偶然的不可思議，
而有相同經歷的時刻，
面對書中所提到的人生課題時，
人與人的差異也只能顯得很渺小，
愁同所愁，苦同所苦，悲同所悲，樂同所樂，
那是生而爲人的共業。

離我們最遠的，就是我們自己，
我們窮盡一生，
就是在縮短與自己的距離，
找到彼岸的自己。

這37篇可說是交集了許許多多人面對的人生課題的集合體，
人生百態與衆生相的縮影，
在她的字裡行間總能找到似曾相識的自己。

與自己相遇

認識自己從來不是容易的事，
我們一生就是在認識自己中渡過，
認識自己已只能是這樣……
認識自己已不會是這樣……
認識自己已不再是這樣……
認識自己已不止是這樣……
人生本無意義？
書中一篇篇文字的背後都在說明它最底限的意義，就是：
讓你學習共處之道，與此生唯一確定與你相伴的人——
你自己。

畢業於美國哈佛大學建築研究所，台灣註冊建築師，
現任成功大學專任助理教授，WillipodiA都市研究團隊發起人。
於二〇一九年獲頒台灣建築學會青年優秀建築師。《寄生之廟》、《重生之路》作者。
賴伯威

推薦序2

人生可以RESET，歸零很重要

很榮幸可以爲Wynne寫序文。

我們相識於旅行社的工作，那時她是GOLF事業部的業務，和她同事期間就發現她有旺盛的求知慾和上進心，遇到困難的時候總會想方設法的去克服與解決，完美的完成任務，是一位非常可靠的同仁。後來，她自行創業，轉戰投資理財的領域。

喜愛旅行、文采豐富的她，藉由她一路走來所感知到的人、事、物，從自我認識、成長路徑探索的過程中，提出處事的態度與心法。書中有她的故事也有他人的故事，有成功有失敗，有歡喜有憂慮，有對夢想的執著也有對挫折的潰堤。從成長過程中林林總總的故事，詮釋著生活中的風險、陷阱、灑脫與平常心境，畢竟人生沒有劇本，不確定性才是人生確定性的常態。

二〇二〇年初新冠來襲，剛開始誰也沒有料到它會是百年一遇的重大公共衛生危機。結果，從二〇二〇年三月十九日起，入境者需居家檢疫14天，到現在國門開放，這一政策持續了兩年多。疫情剛開始的幾個月，大家都還是抱持著積極的態度的。有一些小型旅行社因爲沒有收入，只能裁員、收攤的時候，還有一些房地產業老闆進入旅行業，認爲可以逢低谷入市。隨著時間的延長，越來越多旅行社的同仁被留職減薪，後來甚至是出現大批的裁員潮。這一次的危機，對所有的旅行業的夥伴們，都是極大的人生考驗。有些人選擇留職減薪、國外線轉國內線，有些人開展PODCAST業務做起旅遊博客，有些人會因爲興趣去學習插花開花店，有些人轉職去做交易外匯，也有些人去開UBER……整個行業都會有巨大的轉折波動，何況是一個人的人生呢？

Wynne書裡的至暗時光，就是形容如此吧！

人生歸零很重要，有如電腦RESET，重新開機後，另外一個高峰又會出現在眼前，是去征服高峰或是繞道而行、登遠彼岸？

很慶幸，看到行業的大多數人都積極渡過了這一波難關。雖然現在疫情還未完全消退，不過國門已開，大家終於可以出國旅行了。同仁們都開始整裝待發，迫不及待的爲旅友們提供優質的服務了。

柳暗花明又一村，人生可以按一下RESET鍵，歸零後重新出發，未來依然可期。關鍵是要能夠調整好心態，有能力面對各種波折。

自我認知越深刻，越可以在生活中過的舒適愉快。能夠以平常心，不爲外物所蒙蔽，勇敢面對、關照自己的行爲，一步一腳印，不管歷經怎樣的路程，終究可以踏實的生活著。

非常讚賞Wynne能分享她在努力工作、生活中得到的心得，37篇文章，37度的人生態度，一句話一個段落，若能爲人所取用，即可從中得到很大的回饋。暨有緣得看此書的人，會有很好的收穫。

旅友友旅行社股份有限公司董事長／政大EMBA校友會榮譽理事長
謝宏明

自序

生活從來不是只有一種樣子。它是蒙著面紗的蒙娜麗莎，在每個人面前，呈現著不同的樣子。如果說有什麼共性的話，就是它同樣神秘而不可知吧。

我們究其一生，都在不停的解謎題。

少年時，以爲人生是一張答題卷，林林總總大大小小的選擇就是考試的選擇題，似乎它們都有正確答案，拼了命的想每一件事都走「正確」的路，想有完美的結果，滿分的答案。後來才發現，原來這一條路蜿蜒曲折，在不同的時間或段落，會有不同的境遇，也會有不一樣的心境。我們追尋的，從來不是完美的唯一答案，這一路的對對錯錯都是屬於我們的結果，不管好壞，它都獨一無二。

這一路走來，我們從不完美，但是我們可以通過學習、認識自己，覺察自己的喜怒哀樂，承認自己的好與不好。知道自己的喜好，了解自己的優點，給自己一個人生最想追尋的夢想，或許這一路會磕磕碰碰，有很多的挫折與悲傷，會經歷許多的黑暗無光，即使非常的努力也不見得會有一個完美的結果，但是，那又有什麼關係呢？愛自己，給自己勇氣，讓自己有能力過自己想要的生活，終將會披荊斬棘過成自己想要的樣子。

想喜歡一個人就喜歡，不搞曖昧浪費對方時間，負責任的開始一段感情，不愛了就不卑不亢的離開，哪怕很難過受傷也能跨過時間的長河去面對，愛終究是有它很多種不同的樣子。

知道自己想要什麼，知道自己不能做什麼。不給別人的生活帶去困擾，不要隨便去傷害與自己親近的人，不要讓繁雜的柴米油鹽醬醋茶像塵埃一樣塞滿自己的生活，隨手要有一把雞毛撢子，清理自己的心境，給自己一塊明亮的鏡子，抱持著積極的生活態度。

煩心事就不會少過，不管在什麼樣的位置、狀態，我們都會難過，都一樣經歷著跌宕起伏的人生。只是有些人早些，有些人晚一些，有一些人敏感一些，而有一些人鈍感一些罷了。歸零真的很重要，不管是過去的成功或者失敗，過往都是過去了，清空心靈的倉庫才能裝進新的種子。

日子就是這樣似水流年，來來往往的人群裡，有丟失了的，有來不及告別就再也不見的。有遺憾，有不捨，有留戀，終歸還是要好好珍惜當下，每一次的分開都好好的道別，少一些遺憾多一些美好的回憶吧。

這不是成功勵志文，亦不是沙發躺平文，也不是心靈雞湯。只是與自己，與他人，我們都要有37度的心態，不冷不熱，不急躁也不怠慢，不逃避亦不張揚，就像皮膚的溫度，37度，我們的日子，剛剛好。

目錄 CONTENTS

CHAPTER 1

之初

觸摸得到自己，才能更好的感受外在。

CHAPTER 2

成長

每一刻的峰迴，緊接著都是路轉；沒有陌路，只是延伸向不同的遠方。

CHAPTER 3

LOVE OR NOT

愛，不是天生就有的能力，
它是需要學習與練習才能習得的技能。

CHAPTER 4

NOT TO DO

所有能超越時間的事物，就該堅守；
所有會被時間帶走的，該翻篇就翻篇。

CHAPTER 5

歸零

不同的年齡，面對無常、面對選擇，都沒有最好的答案。
順了當下的心，如了當下的意，且走且看且懷念遺憾。
人生，不過是要看得開而已啊。

CHAPTER 6

我們

每一段關係，都有一個適當的溫度與距離，
不冷不熱，不遠不近，我需要你時你在，
你需要我時我聽得見、能回應，
這就是最舒適的一種狀態。

CHAPTER 1

——之初

觸摸得到自己，才能更好的感受外在。

1°

認識自己，從看見自我做起

認識自己，才能認識人生。

人生很重要的功課就是去發現、追尋、實現屬於自己的、獨特的生命意義。當幼年我們認識到我是誰，給自我定義之後，有些人會思考人生的意義是什麼。

而有些人在生活中，被虛妄的複雜事物、忙碌的工作生活遮住了眼睛，或者是爲了家人、愛人付出全部，完全忘記了自己本身的存在；只活在別人的生活裡，卻完全沒有認識到自己，忘了問自己想過什麼樣的生活。

充實的人生？還是被掏空的人生？

有一次跟一位熟知星盤、通命理的大姐聊天，聊到她的一位客人，出身貧寒，年輕時辛辛苦苦打拼，早晚各打一份工，每日睡眠與休息不足八小時，賺的錢都拿來貼補娘家，幫家裡還房貸、幫襯弟弟買新房子，爲娘家付出了許多。後來結了婚，對方家裡是開工廠、做汽車零件代工的，原本以爲至少可以過上小康的生活，卻因公公好賭，家道中落。後來工廠又經營不善，瀕臨倒閉，她便一肩挑起工廠的大小事務，兢兢業業地工作，努力賺錢養活夫家一家人。

她很努力地付出，睡得少、吃得少、用得少，也賺回不少錢，卻因公公改不了好賭的習性，賺再多錢都很難填補那個窟窿，更不夠婆家用。

大姐跟我說：你看她多麼努力，踏踏實實地生活、付出，對自己的娘家和婆家都無私奉獻，人生多有意義。

我卻不甚認同。她的自我呢？她感受得到自己的存在嗎？

不論是在娘家還是婆家，她都是爲了別人而活。爲了親情而不停歇地付出，但她把自己置於何處呢？

你過的是屬於自己的人生嗎？

這個世界有千千萬萬的人，每分每秒都在上演不同的戲碼。

你的劇本，是符合你的意願、由你自己所編著的嗎？你過的是屬於自己的人生嗎？可以盡情的哭嗎？可以毫無顧忌開懷大笑嗎？可以做自己想做的事嗎？可以愛你所愛，拒絕你想拒絕的嗎？

友人說：你的姿態應該放低一點，多爲別人考慮，你看她活得多踏實啊。

我無法完全認同。姑且不論爲了他人而活的人生能否算是踏實，踏實本身固然是好事，可是活得踏實，與活得幸福、精彩、成功是兩碼事。

你與任何人本來就都是對等的，如果過得卑微、低順，總是優先滿足別人的需求，那樣的人生永遠都是別人的附屬品。

好友葉子的母親在懷了她之後，就辭掉工作在家當起家庭主婦，照顧家人的生活起居、伺候公婆，所有的時間都用在做家事、照顧家人身上，完全沒有自己的生活圈子。葉子讀書之後，母親更是把所有的精力都放在管教她學習上，每天都嚴厲要求她。葉子稍有不對，母親就非打卽罵，脾氣非常暴躁。母親最常說的話就是：不是爲了你，我會需要這麼操心勞累嗎？就是爲了你，我變成沒有自己生活的全職保姆……

卽使後來，葉子已長大外出工作了，每次回家看到母親，她還是常常用對家庭、對她的「無私」的付出來情緒勒索。

葉子說：母親的樣子，是她最不想成爲的樣子。她的童年，有太多母親給她的傷痕。她的母親因爲沒有「自我的人生」，就把所有的過錯推在孩子身上。因爲錯過了自我的人生，就把對未來一切的希望綁架在孩子身上，而等年老了，依然只能靠「情緒勒索」孩子來聊以度日。母親不知道她是自己錯過了自己可以主宰的一生，也不知道因爲她並沒有照顧好「自己」，所以也帶給了孩子很多的傷害。

在生活中先注視自己，感受自己的存在、把自己照顧好、把自己的生活過好，才可以更好地照顧他人、走入別人的世界。

卽使過自己的生活也會有挫折，但不論跌倒時多痛，至少你看見（覺察）了到自己。

清晰地覺察自我，才能活出屬於自己的意義及價值

第一次深刻覺察到自己的感受，是我上小學五年級的時候。那時每天我都獨自一人騎五公

里的自行車去上學，某次放學回家的路上，我不小心連車帶人一起跌到深溝裡去，那道溝有兩米多深，摔得我到處青一塊紫一塊。

當時痛得站不起來，可是周圍卻空無一人，無處求救，只能清晰地聽到自己的哭泣。

那時，多麼渴望身邊有另外一個自我，能幫幫自己。

那一種極度需要被救援的渴望、那個孤單無助的自己，當時的心情與感受像個釘子一樣深深刻在腦海裡，時至今日，依然記憶猶新。

在成長的過程中，有沒有一些時刻，我們清晰深刻地覺察到了自我？有時候是因爲孤單、有時候是由於無助，我們都清楚地知道，並不會有另一個更加強大的自己存在，於是，我們開始在身邊的各種關係裡尋找依靠。

因爲膽怯而依附他人，依賴父母、老師、同學、朋友、親密愛人幫自己做決定。面對很多事情時，我們習於諮詢他人：怎麼做比較好？到底哪個決策是對的？大事小事，我們總不善於自己做決定，甚至有時還會避免自己做決定。因爲一個人跌傷了，痛起來好像特別無助。

其結果是，當我們還沒能理解「自己」作爲一個獨立個體的完整概念時，就把「別人」這個因子融入了我們的生活。反而讓關係沒了清晰的邊界，一切都夾雜在一起，讓自己的存在日漸微乎其微。

我們唯有清晰地覺察到自己，認識自己，才有能力對自己的人生負責。我們要有面對自我的勇氣，能夠發現自身優點，可以利用自我肯定、強化自己的心理免疫系統。哪怕跌倒受傷時很痛，至少清晰地感受到了自己，自我的生命才有更多屬於「我」的意義與價值；不要因爲害怕，因爲一個人面對世界的膽怯，而讓自己依附於別人。

在追尋人生意義的過程中，找到屬於你獨一無二的人生體驗

認識自己是一種能力，是一個漫長的、值得持續終生的過程。這個過程既是一場探索，又是一種學習。

尼采在《論道德的系譜》的前言中闡述道：我們無可避免跟自己保持陌生，我們不明白自己，我們搞不清楚自己，我們的永恆判詞是：「離每個人最遠的，就是他自己。」

——即使對於尼采這樣偉大的哲學家，認識自己都不是一件容易的事。

美國組織心理學家Tasha Eurich在其著作《深度洞察力》中提到，認識自己的能力亦是自我覺察，是了解自己、以及了解別人對你的看法之意願和能力。

強而有力的科學證據顯示，了解自己對自己，以及別人對自己的看法的人活得比較快樂，做得決定比較明智，個人與工作上的人際關係比較好，會教養出比較成熟的子女。他們求學時是比較聰明優秀的學生，會選擇比較好的職業，也比較富創造力、比較有自信、善於溝通，比較不具侵略性、比較不會撒謊、欺騙、偷竊，工作績效較高，是高效的領導人。他們領導的企業甚至獲利較高。

她的研究表明，洞察力（認識自己的能力）是種能夠培養的能力。

書中有列出認識自己的多種方法，其中正念，是內在自我察覺的關鍵。

即便是最爲自知的人，對自我的覺察也不可能到達百分之百。因爲「自我」不存在一個標準答案，隨著時間的流逝，「自我」也在變化和成長。

而不管是哲學、心理學還是佛學，也都告訴我們，認識自己是一條歷時長久的路，是一條

隨著生命之河流淌的河流，是要用盡一生來追尋的眞理。

認識自己，無論何時開始都不嫌晚。知道的越多，才知自己知道的還太少。認識自我，是條未竟之路。

關於自我，佛教講「凡所有相，皆是虛妄」，認爲自我是一個假象，沒有什麼固定的本質。

有一個故事：雲游僧跋札果請教佛陀「自我」是否存在，佛陀卻始終不回答他，跋札果只好離開。佛陀的得意弟子阿難好奇道：「老師，您為何一直不回答他的問題？」

佛陀解釋道，如果回答說「自我」是存在的，就等於承認「有常」；如果回答說「自我」不存在，就等於承認「滅我」。兩個回答都是錯的，是因為問題本身就不對。

問「何謂『自我』」？或「『自我』何在」？目的是要獲得現成的客觀答案。可是答案取決於人的自身，主體的存在還是懸而未決的。對於每個人來說，自我的定義都有所不同，問「我是誰」？意味著要尋找生活的道路，可是，生活的道路不可能一言以蔽之，因為道路還沒有走完。

（節錄自「自我意識」條目，MBA智庫．百科）

人生本無意義，探索人生意義的過程，卽成了人生存在的意義。

而在追尋人生意義的過程中，發現自我的做法就是給自己一個人生抱負，然後進行各種嘗試、學習、反思、執行，不管好的還是不好的，開心的或者難過的，都是屬於你的、獨一無二的人生體驗，這一生的體驗過程，就是你生命存在的意義。

說得更仔細些，看見自己，更多的是要用正念，專注當下，體會自己當下的感受，正視當下的現況，接受無法改變的事實，專注於可以改變的事情。

正如《阿含經》裡講的：莫念過去，勿願未來；過去已滅，未來未到，應思現在所有之法，活在當下。

在生活中，你看見（覺察）自己了嗎？看到自己的喜怒哀樂，看到自己的長處短處，看到自己想與不想，看到自己想成爲的樣子了嗎？

看見自己，了解自己，認識自己，愛自己，自己才有能力愛他人，人生會因此更有自信，也會帶給周邊的人更多的幸福。

2° 此生最不該辜負的，是自己

電影《孤味》映照出的婚姻關係

不知道大家有沒有去看電影《孤味》？謝盈萱在電影《誰先愛上他的》中的表演眞的很精彩，這次她出演女二，讓我非常期待這部電影。而陳淑芳以這部片拿下金馬獎最佳女主角，應該也是最高齡的金馬獎最佳女主角了吧。這個角色的吸引力究竟在哪裡？帶著疑問，我走進了電影院。

去之前，從電影的名字就預料到是部催淚戲，事先還多拿了幾張紙巾備在身上。電影開始，從女主角（陳淑芳飾演的媽媽）去買菜，爲女兒煮飯，在計程車上唱卡拉OK，唱著《孤味》這首歌時，我的眼淚就跑了出來……看完一整齣戲，眼淚都沒能停下來。

雖然是小成本的家庭劇，但是其中對婚姻關係的描繪眞實又深刻，把臺灣傳統老一輩，爲了家庭全心全意付出一輩子的這種「大老婆」、「媽媽」的形象，刻畫得淋漓盡致。

丈夫年輕時，在外花天酒地找女人，不顧家、也不拿錢回家。直到有一天，丟下一紙「離婚書」給她，說要開始自己的新生活。而她只能問：我做錯了什麼?!

她是不會離婚的。

十幾年過去。兩人再見，看見的卻是男人的遺容。

這麼多年，男人在臺北有相愛卻不能結婚的女友，因而從未盡過一天當父親的責任，不養育孩子、也不曾給他們生活費，全靠女主角一個人撐起這個家。她開了一間頗富盛名的餐廳，養育三個孩子長大，卻一直守著活寡，心裡不曾再住進第二個人，生活的重心全部圍繞著孩子們，頂多有時候會產生些許對「那個人」的怨念。

直到最後……告別式後遺體火化，她才簽了離婚協議書，並把它燒掉了。

對，就是這麼執著，就是如此執迷不悟的大半生。一個人的一生，都綁在一個遠離的人身上，她真是對自己太無情了！

婚姻是要讓人過得更好，不是制約女性的枷鎖

在現實中，新聞裡類似的案例比比皆是，從上流社會到中產階級，甚至是一般民眾……男人在外花天酒地，另組家室，大老婆總有各種理由、手段、方法，讓男人不離婚，選擇睜一隻眼閉一隻眼，維持著婚姻的表象。

婚姻明明只是人類社會發展出來的一種制度，卻被賦予了過多的面子屬性和道德屬性，帶著婚姻成功才有所謂「體面」的標籤，尤其是對往往不被鼓勵追求個人事業的女性來說，婚姻的成敗就好像能完全定義一個女人人生的成敗似的，女人和婚姻本身，都被活活綁架在道德與人格上了。

婚姻本不是人與生俱來的東西，它就像是我們手邊的一個鎚子，是因爲對人類社會的發展

有幫助，才被制定和沿用下來，它只是一個爲了讓人生活得更好而存在的工具。然而，自從近代男權社會發展以來，社會對婚姻關係中「離婚的女人」普遍苛刻，很多人都會戴著有色眼鏡去看待離異的女人，用道德觀綁架她們的人生。以至於太多女人因爲害怕社會異樣的眼光，害怕在社會上沒地位；或是照顧孩子的家庭主婦害怕離婚就失去經濟來源；又或是守著男方曾經給過的美好念念不忘，想等對方回心轉意；更或是純粹不甘心輸給另一個過去不曾出現在他們生命裡的陌生女人，於是固執地抓著名存實亡的婚姻不放手，彷彿那是一根可以讓生活維持原樣、甚至轉危爲安的救命浮木。

當知道男人外遇了、心走了，人也要離開的時候，她們或許還愛著、還期待著；也或許早已不愛了，口口聲聲說爲了孩子有一個完整的家而硬撐著；更或許心裡滿滿的憤恨，寧願耗著對方一輩子，也不要讓他自由的過日子。

可是，她們忘記了，只要放了手，自由的不止是對方，還有自己啊！

人生短短幾十載，把所有的時光押注在一個已經不愛自己的人身上，哪怕是爲了孩子，但走到人生盡頭的時候，卽使樣樣都做得很好，她還是會明白：自己終究辜負了自己啊！

恨一個人，很容易。畢竟跟他在一起那麼久，耗去那麼多的青春歲月，太多兩個生命連結在一起的記憶，對方卻說不要就可以不要。

但分開，是多麼不容易。變質的婚姻不是一顆腫瘤，不是說切了就能切的，也不是切完了就會恢復如新，好像什麼都沒發生過。對，離婚像是治療癌症。就像化療，會掉很多頭髮，要吃很多藥、打很多針，要承受很多痛苦。可是只要去做，去看了醫生，簽了協議書，認眞開始治療過去的痼疾，就有痊癒的希望，雖然恢復期也許會有點長。但只要離開了，時間還是最好的良藥。

他自由了。可是，她也自由了！他可以去享受他餘生的快樂時光，她也可以去重新找回屬於自己的陽光！

走出了那個沒有愛的籠子，她的人生會撥雲見日，隨著陽光的到來變得溫煦起來。

坐錯了車，就換下一班，未必沒有更精彩的風景

離婚的當下，未必見人品。但是多年後，在彼此口中還是被誇讚的人，關係一定處理的不會太差。

娛樂圈中，離婚後還能彼此好口碑的，目前爲止被大眾所知的就屬謝霆鋒與張柏芝了吧。謝霆鋒有次在採訪中被問到張柏芝時，說到：我們雖然分開了，我們還是家人。她做得非常棒，在兒子面前從不講我壞話。

婚姻破裂之後，縱使對方有再多的不好，都還是孩子的父母，父母需要給孩子樹立一個良好的形象，卽使另一方做不好，孩子的照顧方也會幫其圓好，不給孩子留下任何關於另一方不好的陰影。但是，不愛了，她也不會做更多的挽留，此後不管對方過著怎樣的生活，都不再與自己有任何關係。

這樣的婚姻是由愛情維繫的，愛的時候竭盡全力維護彼此的感情、維護屬於兩個人的家；

不愛了，愛不下去了，彼此能馬上轉身，不糾纏、不留戀、不問是非。

所有在婚姻裡觸礁的女人們，當不被愛了、當被背叛了、當感情破裂了，記得收拾好自己。人生第一順位愛的需是自己，再來才是孩子、父母、他人……收拾好行囊，不要被恐懼絆住了前往新人生的腳步。未來再怎麼不好，都比勉力維持這一地雞毛的婚姻好。

簽好離婚協議書，分割好該屬於你的那份財產，然後就毫不猶豫的放手吧。給他自由的同時，也是給自己自由。瀟灑，從來不只是成全了他和她，還有妳自己。

可惜的是，大多數的女人，在思維上都是所謂的「傳統女性」，很容易把自己定位爲「受害者」、「受傷者」，擁有完整的婚姻是我們潛意識裡必要達成的人生目標之一，所以我們寧願咬著牙，也不能認輸；大多數時候，不分開，並不是因爲有多愛，而只是不甘心罷了。

不甘心曾經那麼熾熱的愛過，這愛情卻終成燭淚的冷燼；不甘心把所有的青春、精力、愛情都用在了他身上，卻竹籃打水一場空；不甘心爲了他照顧孩子、照顧家那麼多年，卻終被辜負；不甘心一起打拼得來的家業就此分崩離析；不甘心給了他滿腔的愛，他的愛卻給了一個半路殺來的程咬金。

不放手，不是因爲沒有他人生就會過不下去，或者自己就會活不了；不放手最主要的原因，是因爲不甘心。

婚姻不是人生的必修課，它是人生許許多多種體驗其中的一種，是父權社會給予孩子繼承權的保障，但是它卻不是愛情的保險箱。而孩子是愛的結晶，可是他們是獨立的生命個體，他們有他們的未來、有他們存在的意義與價値，將孩子作爲鞏固婚姻的工具毫無意義。

我們都有我們各自的人生軌跡，坐錯了一班車，就換下一班，或許還能看到更精彩的風景，也還是一樣能到達人生的目的地。與其和一個不愛自己的人在一起，虛耗人生，不如灑脫地轉身離開，把自己的人生顧好，爲自己的生命添一些色彩，讓自己的愛有溫度，給自己打開一扇通往更廣闊多彩世界的門。

人生苦短，活著本來就不易，縱使負了很多人，也千萬不要辜負了自己。

3°

不要被不值得的人輕易影響了自己

不要讓你的善良，成為你的軟肋

國中的時候，曾經因爲一個同學說「你怎麼眼角有魚尾紋」而大哭特哭，自我封閉、難過了很久。一直到二十幾歲，我都還非常在意別人對自己的觀感。有些人爲了抬高自己而貶低你的一句話，就足以讓我傷心得昏天暗地，不停地自我檢討。

年輕的時候，我們都有一顆敏感脆弱的心，雖然有積極融入群體的勇氣，卻也常常接收到毀滅性、無緣無故的攻擊。而偏偏少年時期，往往又特別在意同儕或者朋友對自己的態度以及評價。

我跟心理師好友討論過這個問題。明明知道同儕或者某位老師的觀點是錯的，甚至明明也對人性的自私有些理解，爲什麼還是那麼在乎呢？

好友說，因爲每個人青春期時對自己的認知，都是建立在別人如何看待自己這件事之上的。這是構成自我認知的一部分。所以，在那個年紀，越是善良、越是沒有心機單純的孩子，往往越是飽受周圍我行我素或自私自利者言語的攻擊，經受著自我內心世界的崩塌。

想一想，曾經的我們，在青春期成長的日子裡，是不是都或多或少經歷過讓我們難過的事呢？在廣泛的閱讀，並經歷過時間的洗禮，見識過廣闊天地間的人事物之後，我們會成長。然後我們會明白：原來，我們的善良，需要一個界限。

我，不是你認爲的我，而是我想成爲的我。我有我的語言，我的世界，我的天地。

我依然保有善良的心，善待所有經過我生命的人事物；我信奉人不犯我我不犯人，但是其他人也請遵守「己所不欲勿施於人」。

我有我看待世界的觀點，與我爲人處世的態度原則。尊重彼此是一個人基本該有的禮貌，如果對方不懂得尊重，那就根據親疏關係「回敬」他。

如果一個認識很久、但私交甚少的人，在與你對話中頤指氣使地只表達自己的想法，完全不聽你的聲音，非常自我中心地與你「溝通」，第一可能是你對他無用，第二是他完全沒有想要尊重你。必須得要和這樣的人見面時，當個點頭之交就好。他不尊重你，是他的人品以及自身情緒處理的問題，而非你的問題。你只要如實地告知自己的想法與認知，能溝通就溝通，對方不願意溝通，你也不必爲了此事而煩惱。

我們可以善良，善待他人，但是千萬不要忘記爲自己的善良設定好邊界，分清哪些課題是自己的，哪些課題是他人的，不要讓自己的善良成爲人生的軟肋，如此才能更好地做一個善良、有底線的人。

不要讓他人的自私無知，成為你的心結

爲什麼有些人能毫不在乎地傷害他人呢？人的自私和自我是與生俱來的，這一點毋庸置疑。

遠古時期，因爲人天生強烈的求生慾、自我保護慾，才一步一步戰勝了惡劣的自然環境，戰勝了食物匱乏時期的資源競爭，才能躲避許多的危險。人類也很早就有了私人財產制的觀念，經歷了奴隸制、農業社會、帝國制，又到了今天的資本社會。人的自私，在很早以前就已經形成了社會共識。

從遠古人類將自己的生存與發展放在第一位，到現代要達到「個人利益最大化」的理性經濟人假設，「自私」被深深地烙印在每個人的基因裡，一直留存至今，還會繼續延續下去。

所以才會出現很多人說話的時候只關注自己想說什麼，完全不在乎對方在表達什麼的狀況；也因此會有爲了追求自己想要的結果，無視他人的利益，不擇手段只求達到目的的情況。還有不少人只關注自己想關注的，只在乎自己想在乎的，或者是只關心對自己的工作、事業有幫助的人或者事，對於其他的事物全都「隨心所欲」地表達自己當下想表達的觀點，但不經過大腦思考的結果，往往特別容易做出很情緒化的事，造成別人的困擾。

舉例來說，比如你隨性地在自己的社交媒體上發表一篇文章，結果一個幾年未曾謀面的人留言挑剔一些對你來說完全不重要的小事，第一他完全未能理解你要表達的含意；第二他的挑刺毫無邏輯、漏洞百出，只是雞蛋裡挑骨頭，自己生活無聊而來挑別人的刺，那麼建議你趕緊把他設爲黑名單。

不能有意識地管控自己行爲和情緒的人，和白癡一樣可怕。他們會自以爲是，偶爾閒得發慌就以「高高在上」的姿態來尋求一些存在感，你的某一句話裡的某一個詞，或者是某一件處理得沒那麼完美的事，就成了他們得以施展的「戰場」。

自私不可怕，可怕的是自私地去做一些事，影響與自身生活毫不相干的人；愚蠢不可恥，可恥的是愚蠢還到處炫耀。

曾經看過一位幼稚園的英文老師對孩子們說，在這個世界上，學習好英文最重要，其他事情都是垃圾，一點都不重要。

英文很重要，數學、國語就不重要？歷史、公民、地理、理化不重要？在我看來每一學科都很重要，其中都隱藏著了解這個地球、宇宙的通關密碼。但只因爲她是英文老師，爲了彰顯自己「崇高」的地位，反把自己變成了井底之蛙。不了解這個宇宙的寬闊深邃，卻要將這種不正確的價值觀強加給不諳世事的孩子們。正如芒格在他的《窮查理寶典》裡面所說的：手裡只有鎚子，看全世界都是釘子。

不要因爲別人的無知，而影響到自己的判斷，更不必因此影響到自己的生活。對那些要來雞蛋裡挑骨頭的人，你最好告訴他們這骨頭有刺，不好咬，然後盡量遠離他們。在人際關係中，我們不必爭搶，也不用刻意表現，但適當的示弱，也並不等於軟弱。

人生中難免要面對那些慣於以評論他人來顯擺自己的人，太在意那些人指責你的言語，你就只能自己受苦。那些不在乎你的人，只會消耗你的能量，不會因爲你的縱容而善待你，甚至還會變本加厲。也別縱容他人誤解你、誣陷你，任何關係都需要彼此共同用心維繫，那是彼此的義務，別讓自己無底線的善良、寬容、退讓，將自己逼到容忍的極限。

生活中有三件事：自己的事、別人的事、和上帝的事。要知道，你只需要做好自己的事，上帝的事你管不了，別人的事與自己無關。要確立好自我邊界，獨立成長，勇於做自己人生的掌舵者，不要被他人影響與掌控，要學會說「不」。

在成長的過程中，學會獨立思考，能夠理性的溝通，不因爲過於善良而忍讓，不因爲忍讓而被誤解，不因爲被誤解而忍氣吞聲；活得瀟灑而自如，不輕易被他人無意義的言論影響，活成自己想要的樣子，而不是別人眼中的樣子，生命自然有它洋溢的光彩。

4°

你可以脆弱，可以對生活Say No

在生活中，我們難免會遇到挫折，難免會遇到難以應付的人生關卡，以及工作生活的重重壓力，即便是外人看來衣食無缺的平穩生活，也依然會有許多痛苦、煩惱、傷心、焦慮。了解並學習如何與負面情緒共處，我們的生活才會輕鬆一些。

生而為人，俱會痛苦

上班族面對的也許是每天沒日沒夜的忙碌、做不完的工作、處理不完的上下級廠商關係，下班回到家，還要面對也許對自己有許多怨懟的另一半，和希望自己能多分點時間精力給他的孩子；而家庭主婦，則有煮不完的飯、掃不完的地，不太會做家事卻又愛碎碎念、無法溝通的老公，還有每天都寫不完功課的孩子。

雞毛蒜皮的日常，似乎都在生活的軌道上有條不紊的無盡延續下去；而我們的心田裡卻有無數不停彈跳的種子，日積月累之下長出一堆亂七八糟的雜草，充斥著我們內心的空間。

這些生活的瑣碎，積少成多就是會壓得人喘不過氣來。煩惱、困擾、痛苦、壓抑……一天天一點點滋生，會讓人慢慢丟失掉對生活的熱情，更不用談什麼對美好未來的嚮往。

但即使已經很累很辛苦了，我們通常還是會努力讓自己保持「體面」。我們從小就被教育「負面情緒」是軟弱無用的，要克制自己不好的狀態，在父母、孩子、上司、員工面前，時刻保持「正能量」，要「陽光」、要「堅強」。

心理學家史帝文．海斯說：

有一個秘密你需要知道，就是其他人和你一樣痛苦，我們都有痛苦。所有的人類，只要不是早早地夭折，都會感覺到，或是將會感覺到失去摯愛的那種痛徹心扉的感覺，每個人也都會，或者將會感覺到身體上的痛苦，人人都會感到悲傷、失望、焦慮、害怕和迷惘。我們都曾有過尷尬、屈辱，或是羞恥的感覺，人人都有難以言說的傷痛秘密。

我們習慣於露出燦爛的、幸福的面容，假裝事事如意，生活順心，但事實並非如此，也不可能如此。生而爲人，就是會比這個地球上的其他生物，感受到多得無法以數量級來計算的痛苦。

是的，生而爲人，俱會痛苦。

控制或迴避負面情緒，只會讓痛苦翻倍

人的頭腦中有一個非常重要的習慣是「思考」，人有語言、有思考，有很多思維，思維能夠幫我們解決很多外在的問題。比如我們應對自然界、應對外在的日常生活，是用思維來解決的，但是當我們用思維來應對內心的時候，就會出現很多問題。

思維一方面解決了我們的問題，一方面同時也給我們帶來了大量的苦惱，這是其他動物所

不會有的苦惱，因為動物並不具備語言，牠們也不會產生由語言所帶來的聯想，所以人類會比其他動物要多很多痛苦。而且我們又經常會壓抑自己的想法，你要知道，當你壓抑自己想法的同時，就會激起思維和情緒。

我們的語言有三種模式：第一個思考未來，第二個制訂計劃，第三個是評估和比較結果。這三種狀況，就是我們的頭腦當中停不下來的語言模式，它們總是在瞻前顧後。

當我們傷心、難過、焦慮、生氣的時候，我們就會自發的用語言將它們定義為「負面情緒」，因此它一旦蔓延開來，我們第一個想到的就是去控制它。

（節錄自《跳出頭腦，融入生活》重慶大學出版社，2021/07，作者／史帝文・海斯）

爲何我們會本能的想去「控制」負面情緒的行爲呢？

第一是因爲，我們從小就被要求要學會控制自己的情緒，用語言、用思維、理性的方式去解決問題。第二是，成長過程中身邊大人們的示範，每個人都在隱忍、迴避，都在克制自我，戴上防止情緒洩露的面具，避免去談論「情緒」。第三是因爲，很多電視媒體或者成功學上不停的展示，似乎能夠控制自己、讓自己沒有情緒就能邁向成功，失控就代表糟糕。第四是，控制在短期內會很有效。控制自己不要發脾氣，控制自己忽視某件事，假裝自己忘了它。比如去打一會兒拳擊，去出點汗，去發洩一下，這些做法都能夠讓我們在短時間之內感受很好。

但是長時間來看，如果你不能正視負面情緒的存在，每次發生事情，就是找朋友抱怨一下，去喝酒解悶一下，去運動抒發一下……然後就告訴自己沒事了。

這種逃避可能會使痛苦翻倍，越逃避痛苦，也可能會讓下一次經歷這個痛苦時負面的感受變得更加強烈，一味的逃避負面感受其實會阻礙我們眞正的採取積極的行動。

眞正能夠爲你帶來改變的、能夠讓你與痛苦告別的是行動，當你正視痛苦還能越走越遠，你才能夠跟它眞正的分開。如果你不願意提，一直迴避它，告訴自己「我不是這樣的人」、「我不能表現得脆弱」，你用語言給自己貼上很多的標籤，它們就會在你身邊變成無數的怪獸，阻礙你去採取眞正有效的行動。

控制住它的當下，痛苦似乎消失不見了，其實它只是隱形了。所以很多痛苦的人，是一邊痛苦、一邊反芻、一邊讓痛苦翻倍，但是他什麼都不做，什麼也都改變不了。很多類似的狀況會重複發生，一樣的問題、相同的畫面會重複上演。

接納自己，學會「真正的積極」

對於外在的事物，用就事論事的方式來解決它，這時使用思維是可以的，是能夠解決問題的。比如解一道複雜的數學題，你思考用哪個公式、有幾個步驟，這些都是靠思維解答問題。但是對於自身內在的問題，思維與控制是沒有用的，越是強加控制就會越糟糕。比如投資過程當中，因爲自己沒看清股票不能當沖買賣，而損失了錢財，內心很是傷心、情緒低落。那該如何辦才好呢？

最重要的一件事，就是是要學會不去控制，不要試圖控制自己內心的悲傷。

你不要責怪自己、別罵自己說「你怎麼那麼笨，怎麼老做那些錯事」。然後，要告訴自己「我再也不會責備自己」。

把三件事列出來：我願意接受「逃避無用」，我不再責備自己，然後我對自己的境遇深表同情。

不去控制這件事，是最簡單也是最難的事。大道至簡，這個世界上所有深奧的事物，都有這個特點。孔夫子說的仁、佛陀說的佛性、老子說的道，這些東西都是最難又最簡單的道理。而放下這堆糾纏在一起的繩子，跳下思維的列車，不去過度地控制，也是最難又最簡單的事情。

你如果真的願意做到不去控制，那麼不去控制就好了。但是你控制了一輩子，你這一輩子都生活在謹小慎微的控制當中，生怕各種事情出問題、有意外。這就是你時常覺得活得疲累的原因：週而復始的被那些不好的情緒困擾、痛苦的感覺常常如影隨形；這樣的感覺一旦出現了，就被自己強壓下去，過段時間再出現……

（節錄自《跳出頭腦，融入生活》重慶大學出版社，2021/07，作者／史帝文·海斯）

首先要學會的事情，叫作「接納」和「積極」。過去我們聽到「積極」，第一反應就是沒有負能量，我很堅強、我很健康、我很陽光，其實這就叫作負能量！你不能夠假裝成什麼都沒有問題，你不能不去看生活當中那些給你帶來痛苦的感受。迴避只會使它成爲一個長期強大的壓力，導致你不敢去過自己眞正想過的生活。

眞正的接納和積極是你去感知它、去感受它。接納所有的壞情緒、不開心、難過、受傷、痛苦、煎熬的感受。不要跟它們作對，不要置它們於黑暗的角落，也不要試圖去控制它們。你可以了解自己當下的感受，淸楚的知道自己現在處於負面狀態之中。它們不是敵人，你也不需要拿出「正能量」來與它們格鬥。

試著把自己放在更大的格局裡，專注地冥想，讓自己的思緒像一個攝影鏡頭掃視房間一樣，看見自己內心那些負面的、不好的情緒，你會發現它們與所謂的正能量其實都在你的身體、都在這個房間裡。讓自己從更高的維度來俯視這些情緒，清晰的感受到它們的存在，接納它們存在的事實，最後讓它們在你的身體裡和平共處。

你可以說：我覺得我不太好、我難過、我受傷了、我很痛苦。你可以清楚的表達自己所有的情緒，你可以對不斷接踵而來的生活行程說不，可以停下來休息。不需要一直偽裝得很堅強；不需要事發了，內心傷痕累累，還裝作若無其事，一副無所謂的樣子。你要知道，那種控制，對於自己內心的長期健康毫無幫助。

每個人面對生活都不容易，自有自的苦。

當被這些苦所困擾的時候，自己面對它並不容易。知道自己面對這些痛苦很不容易，你可以脆弱，可以偶爾停下來，抱抱自己，對自己說辛苦了。長期承受這種「控制悲傷痛苦裝作一切安好」的煎熬，承認自己其實過得並不好。

對，一切都不是很容易，你眞的累壞了。

體諒一下自己，不要再強迫自己「假裝堅強」。你可以脆弱，可以對生活Say No；你知道你有做不好的地方，你也知道你有做不到的事情，但這並沒有什麼。累了就休息，有情緒就正視它們的存在，偽裝不是長久之道。

我們都要學習，與負面情緒和平共處。這才是眞正的，積極的生活態度。

5°
走進生命裡，人生皆苦要自渡

非洲行給我的震撼教育

我跟友人講我去非洲肯亞、桑塔尼亞的經歷。那裡的人生活得很慘淡，水資源和食物都匱乏，各種資源都貧瘠，土壤如沙子般零落，放眼望去，連綠色植被都難得一見。他們住在低矮擁窄的土房子裡，形成小小的村落，每戶人家小小的院子裡都是羊糞，沒有電，也沒有什麼交通工具，能有一台腳踏車都是一件很開心的事。甚至許多孩子都沒有一雙合腳的鞋子，我們的車子緩緩行駛在泥土路上，看到孩子們背著書包、穿著制服，卻打著赤腳經過，那一個個黝黑卻又天眞茫然的眼神，讓我印象深刻。

他們過著眞正的面朝黃土背朝天的生活，能不能獲取足夠的食物，完全靠老天的施捨。那是在我們富裕安穩的生活之外的，第三世界。那裡的動物卻安靜祥和，牠們成群結隊，在大片的草原上有成千上萬的斑馬、羚羊、黑角牛羚，享受家庭生活的獅子們，獨行俠一般的獵豹……草食性動物的數量數倍於肉食性動物，所以，草原上大多數時間都是平和的，帶有大自然包容萬物的慈祥氣息，獵殺只是偶然事件。生活在那裡的人非常的貧乏卻很樸實，他們可以跟自然和平相處。

如果是經歷了工業時代和現代社會的我們，或許會把一些動物趕去動物園供人觀賞，將一些動物獵殺後取牠們的皮和肉爲人所用，再想辦法在土地上種植作物或者建工廠吧。

在那裡，當動物比當人好。朋友說：他們的輪迴不一樣，人道不如畜牲道。是啊，當動物，有水有食物有大片的草原爲家；可是，生活在那裡的人想盡方法也只能勉強塡飽肚子。

朋友問：他們快樂嗎？

快樂是種情緒體驗，想要的結果與實際擁有的差距越大，快樂感就越小。就像痛苦，就像幸福感，沒有對比就沒有傷害。沒有見過外面世界的他們，快樂嗎？或者是說，看到了來自外面世界的我們以後，他們快樂嗎？很遺憾……我只看到了路邊的孩子伸著手在車子旁追逐，我只看到背著孩子的媽媽們帶著手工藝製品迫切地需要遊客光顧的眼神，我只看到走在路上的放羊人漠然的步伐。我沒有看到歡笑，也沒有看到仇恨。我也沒有看到悲傷。我看到的是，他們謀求生存的焦慮。他們眞的只是想要在他們力所能及的範圍內謀生，生存下去。

相比之下，我們擁有的已經太多太多。我們的人生中經歷的那些苦難，在他們面前都冷掉了，毫無「特色」和「新鮮」可言，彷彿都不值一提了。如果這個世界上有些人連活下去都難，並且遭受的苦難也不是源於他們自身的過錯，只是因爲生來就降臨在一片充滿苦難的土地上，從沒有嘗過富足舒適的滋味，連遺憾的機會都沒有，那麼生在和平安定社會中的我們，還有什麼「苦」可以說？

苦難或早或遲，都是飽滿我們靈魂的方式

我們所身處的這個時代，不過是時間的漫漫長河中的一小段。時代的脈動永遠大同小異，盛衰興替，個體命運也一直周而復始，有起就有落。所謂的苦難，只不過是在有些人的人生中早來了一些，而有些人的人生中晚來了一些；有些人感覺遲鈍了一些，有些人終其一生沒有選擇。命運如此玄妙，人眞正能把控住的，總是有限。

有些坎坷是早經歷，有些苦難是晚經歷；有些人愁雲慘霧，有些人安之若素，從未覺得苦難也過完了一生。不是人爲的誰製造了更多的困境，只是命運爲每個人設定了不同的場景。

許久沒聯繫的朋友，突然發了消息給我，說：看你去非洲旅行，眞是羨慕。我問他：你最近還好嗎？他說：不好，非常糟，生病了幾個月了。作爲很多人都會羨慕的社會精英，他近年遭遇了人生中的各種打擊。公司投資失利，被各大股東撻伐，還因爲股價的異動被檢察官告訴追著不放；交往多年的女友突然移情別戀；父母又在此時生病，更是雪上加霜。

他在知天命的年紀遭受了這麼多的打擊，因此一蹶不振。剛開始還天天與一群朋友喝酒、借酒澆愁，後面就越來越提不起心氣，甚至需要抗抑鬱的藥物治療。想當初，他也是天之驕子啊，名校博士畢業，社交圈非富卽貴，四十而不惑的年紀就有了一番令人羨慕的事業。

月有陰晴圓缺，人有悲歡離合，此事古難全。誰都不知道苦難何時會找上門、以什麼樣的方式出現。也許大多數時候順遂時期的小磕絆，也是爲了考驗不順遂的時候是否能有自省與自救的能力。

人有三商：智商、情商還有很關鍵的逆商。最後一項關係到，當你面臨生活中的挫折與打擊的時候，是否有正確處理事情、安撫自己內心的能力？在生活的風霜雨雪來臨之時，身邊的人大多只能當個聽衆，給予一些淺層表面的撫慰，要走出迷茫的大霧，還是要靠自己。

人生就是個磨練場，經歷的好事或者壞事，都是修行的一部分。人生的路途是否能平坦順遂，並不是我們說了算，因爲越是高級的社會活動，所遇到的問題就越是複雜，越是有更多的不可預知性。但是，能不能走過這些不順遂，把生活過得舒坦，卻是只有我們自己說了才算，任誰都幫不了我們，任何神明也都幫不了。

有一段時間我在慈濟做志工，常與幾位師姐聊天。一次午間吃完飯，大家聊到一位苦難的師姐，她的先生是個好吃懶做的酒鬼，過去的若干年都是這位師姐出去工作賺錢養家糊口，拉拔三個孩子長大。未料三個孩子長大成人後也是不成氣候，與她先生一樣，對她非打即罵。她先生又不肯與她離婚，她實在是過不下去，只得出家，剃度爲尼。

可是沒想到，出家後的日子也並不好過。每日天未明就要起床耕作，六點開始誦經打坐，每日都有要背誦的經文功課，沒完成還要被師姐鞭打手掌。過不了一個月，她受不了，又常從寺廟偷跑回家。

人生皆苦，該苦的時候，在哪裡都是苦。你以爲紅塵凡事苦，剃度爲僧爲尼，就能擺脫那些苦嗎？想要佛門解救自己？想要依靠他人或外力來帶自己脫離苦海？外在的事需要對症下藥的解決方法；內心的苦，唯獨自救可解。

所有的苦難，都被標示了記號；那些歷經苦難的歲月，在生命裡熠熠生輝，點綴著個體生命的價值與意義，它是生命的一部分，也是飽滿我們靈魂的一種方式。我們學習著如何走過這些苦難，在苦難中的修行，都會成爲生命的印記。

從生命裡走來，不需要拿刀帶槍，不需要披荊斬棘，不需要兢兢業業，不需要遙看遠方。只需要看好你的左右，聞著周邊的花香，惜福感恩擁有的一切，珍惜當下，珍惜身邊陪伴和生命裡經過的人。

走進生命裡，不僅僅要擴展生命的寬度，還需要一點一點參透生命的厚度啊。有人說，生活太苦，人間不值得。其實，並不是人間不值得，而是我們想不開。無論走到生命的哪一個階段，都該學著喜歡那一段時光，完成那一階段該完成的職責，順生而行。不沉迷過去，不狂熱地期待未來，生命這樣就好。不管正經歷著怎樣的掙扎與挑戰，或許我們都只有一個選擇：雖然痛苦，卻依然要快樂，並相信未來。

不論你正在經歷多麼辛苦的當下，都請相信自己，只有自己可以帶領自己走出去；也請相信未來，且行且珍惜，生命的回報會在未來的某一天兌現。

6°

爲了好好的生活，我們需要多做一點點

這個世界最不缺的就是故事，每一個故事裡都有無數人的悲歡離合。而故事裡的每一個人，又有誰不想好好的生活呢？就算成了街角的遊民，把生活過成了自己從未預料到的窮困模樣，他們也是曾經期待過美好的日子，想著要好好生活的啊。

一段心酸的相遇

一連下了很多天的雨，很冷。

我已經生病幾天了，忍著肚子和胃的劇痛，如果可以睡著絕對不想醒著的那種痛，同時還開始咳嗽，痰裡帶著血。友人都催我去醫院做個檢查，看是否感染了新冠病毒，總要檢查一下比較放心。下午四點，好不容易有一點力氣，我就趕緊爬起來，叫了車趕去醫院。

結果，醫院四點就停止掛號了。疫情期間醫院只開到四點半，沒有開放晚診，只能掛急診。我想，好不容易才有力氣爬起來的，還是去看一下吧。急診室的掛號批價處，前面只有一位大爺。他穿著黑色的羽絨外套，戴著螢光綠色的帽子，地上放了一個塑膠袋。個子瘦高，皮膚黝黑，外表雖不算很講究，倒也乾淨。批價櫃台裡負責掛號收費的青年人在講電話，看上去不到三十歲，梳著乖乖頭，方臉，很憨實的樣子。等了幾分鐘，他終於掛斷電話，對著這位大爺說：沒辦法，社工這邊不給報銷。你前面已經兩次，這是第三次了。喝醉酒，弄傷了就叫救護車！社工他們很生氣，不願意替你收拾這樣的爛攤子了。

我就站在他們旁邊，不可避免地聽得一清二楚，心中也升起了些許疑問與好奇。大爺的聲音很低，他只簡單的問：那要怎麼處理呢？青年似乎很無奈，但他也是善良的人，還是耐心地對他說：不然就是分開報，分兩個地方申請。大爺低頭說：喔，謝謝你喔。之後便轉身離開了。

輪到我的時候，我不免好奇地問那位青年：這是怎麼回事啊？青年回答：他喝醉酒就自己叫救護車，已經好幾次了。公用財就是被這樣浪費，但也拿他沒辦法。我好奇他的身分，青年有點氣嘟嘟的說：他是遊民，社工之前都會幫他處理，但現在被他氣到不想幫他了。叫了救護車就要付費用，現在這費用沒辦法報銷了。

我本來想：他爲何要叫救護車，不叫計程車呢？後來一想，或許他沒錢叫車吧。本來考慮要不要先幫他墊付費用，深思了一下，這樣濫用救護車的風氣確實不宜助長，也就作罷。掛完號，我去內科急診處抽血檢查，並做N19檢測，護士告訴我要輸液。我問需要多長時間？護士說：兩個半小時到三個小時。而那時已經四點五十分了。

猶豫再三，還是決定輸液。因爲連吃幾天消炎藥，我的胃已經有點吃不消了。

做完X光檢測，我就在輸液區坐著等報告。方才的那位大爺輸好液後，護士小姐說：你坐在旁邊等。大爺問：可不可以幫我安排一張病床，讓我躺著等？護士小姐沒理會他，繼續說：旁邊的等候區可以坐。於是他就坐在了我對面。友人要來看我，我很想喝杯甜的熱飲，想到對面的大爺，就讓她買了兩杯。雖然外面很冷，雨很大，友人還是幫忙買來了飲料。但我事後想起來很遺憾，我怎麼沒想到要再買份便當給他呢？因爲自己沒胃口，所以完全沒想到吃晚餐的事。

把飲料拿給大爺時，他很客氣地說：你怎麼這麼好心，謝謝你啊。我也就順便跟他聊了起來。我問：您平時都住哪裡啊？大爺說：沒有地方住，都睡在艋舺公園那裡，其他東西都被收走了，家當就剩這些了。我不自覺地順著他的手勢看了看放在地上的一個不大的塑膠袋，心裡難免一番感慨。繼續問道：您有孩子嗎？大爺說：有個兒子，要十八歲了，跟他媽媽住在新店。他媽媽經濟狀況好，能撫養他。他現在也開始能夠打工賺錢了。

我看大爺身體還硬朗，好奇他是臺北人嗎？平時有在工作嗎？如何生活呢？大爺告訴我：以前身體還好，曾在工地做工。後來腳底斷了一根筋，手也受傷了，不能做重活了，就在桃園社會局做志工，至少還有地方睡。再後來，胰臟開刀，也不能在那裡工作了，就來了臺北，住在艋舺公園那裡，早上龍山寺會有人來找工。舉舉牌子、發發傳單，一天也有七、八百的收入。但現在手又受傷了，什麼都幹不了了。

我問：那您有基本勞保可以領嗎？或者社會救助金？我記得，似乎貧困戶都可以申請一份最低保障救助金。大爺無奈地搖搖頭：沒有，什麼都沒得領。要三級傷才能領救助金，我們這樣的沒有。我們什麼都沒有了，已經被貶低到最下等下等的下等人了。他沒有打針的那隻手，一邊說一邊往下做著手勢。我繼續問道：那你怎麼吃飯呢？他說：一些基督教堂、救助站，都可以領飯吃。有時候也會有人發便當，都是靠這些生活。

我們無法預知未來，但可以提早做準備

我心裡突然酸酸的。雖然魯迅先生有言：可憐之人，必有可恨之處。每一種人生，都是自己過的。如果沒有在年輕的時候努力打拚，累積家業，賺到一套遮風避雨的房子，存一些年老了可用的養老金，抑或是未能在該照顧家庭的年紀顧好家，最終老了只能窮困潦倒，甚至風餐露宿，無家可歸。

但或許於大爺而言，也沒有那麼多的選擇吧。諸多的不幸輪流打擊他，受傷的腳、手腕，以及不再年輕的身體，決定了他將越來越難以靠日益衰弱的勞動力謀生。很多人一生都是沒有什麼選擇的。在時代不斷變化的潮流下，只能順著自己的認知，一步一步地往下滑去，也許一不留神就滑到了一個沒有路的深淵。誰也預測不到未來，我們都是一邊走一邊接受命運的考驗。

如果真的能夠提早預知，爲後半生的不幸和考驗早做規劃的話，就能夠做到行爲上的「節制」了吧。在時間、生活和消費上自我節制，珍惜時間，過有規劃的健康生活，而不是今朝有酒今朝醉，揮霍金錢與生命。

「努力」這個字眼太薄弱，說起來容易，做起來卻很難。有幾人願意朝五晚九地看書學習、工作不停歇？還只能吃得簡單、用得便宜？這個世界上存在的誘惑太多，以慾望爲媒介爭奪著我們的金錢、注意力和時間。很多人拿起手機一看影片就停不下來；打開電視看起綜藝節目就遲遲不願結束；躺在沙發上拿起酒瓶就樂此不疲；拿著辛苦賺的薪水買各種奢侈品慰勞自己，等著下個月還卡債……

對於我們每個人來說，出身是沒得選擇的，如果成長的過程也沒有增加自己的籌碼，成年了又沒有在物質上做節制及規劃，年老了可能就要面臨無依無靠、無家可歸的情境了。

兩大心法：「自我節制」與「延遲滿足」

「自我節制」，也就是TikTok的老闆張一鳴說的「延遲滿足感」。有工作能力、努力賺了錢，能克制消費慾，把大部分錢存起來。消費上的節制、儲蓄、買房子、理財，是每一個小康家庭的必經之路。這些都是為了未來生活能夠有保障、有選擇所必須的付出。小不忍則亂大謀，如果空有三、五萬的收入，卻不能一點點存錢，每個月做月光族的話，就無從談買房子、安家，也無從談年老後的歸宿。

命運無常，誰也無法預料明天開牌會開出什麼樣的日子。現在忍受了艱辛，或者是延遲滿足感，未來的幸福感就會多一些，日子就會多一些保障。從整個人生來看，也會過得更加幸福豐足。

人生是為了自己而過的，每個人都想好好的生活，遊民也不例外。他們看似自暴自棄，其實不過是被逼到了沒有選擇的境遇。絕大多數遊民也想有一份穩定的工作收入，不用擔心三餐，有不被風吹日曬的一處安身之地。只可惜到了一定年齡再來反省，可能已經時不我予。

我還在跟大爺聊著天。護士小姐對我說：你可以去批價拿藥離開了，檢測結果陰性，禮拜一再來門診回診。她幫我拆了針，就讓我走了。我的飲料還沒喝呢。看到批價掛號櫃台的青年，想到他也滿辛苦的，就把飲料送給他喝了。回頭跟大爺說了句：保重，再見。我也就離開了急診室。

生活就像一座時不時被雲霧遮蔽的山，當你身在其中的時候，朦朦朧朧看不清它的美好。然而生一場病，遇到一些人，就會特別感激我們當下擁有的幸福。

我們都想好好的過生活，可是人生種瓜得瓜，種豆得豆，並不是每個人都能如願。放下手機，多讀一點有用的書，多一些自我成長，多努力去工作與付出，成長的路上誰都一樣不容易，但是那條路的盡頭是幸福的生活啊。

CHAPTER 2

——成長

每一刻的峰迴，緊接著都是路轉；

沒有陌路，只是延伸向不同的遠方。

7° 長大成人

你真的長大了嗎？還是只有身高和年齡增長了？

你真的長大了嗎？你的內心會不會還住著一個孩子？那個孩子偶爾會嘆氣？偶爾躲在角落無力的哭泣？抑或是時常備感孤獨？覺得無處安放自己？我們每個人都是從嚶嚶啼哭到慢慢爬行、蹣跚學步，一點點隨著時間的積累成長起來的。人的外在成長軌跡相似，心智上的發展卻有所不同。大家都會逐漸長高、年齡增大，可是未必都已長大「成人」。

阿德勒說：幸運的人一生都被童年治癒，不幸的人一生都在治癒童年。

關於所謂幸運，我們的認知就是：從小便有一個良好的、有愛的生長背景和環境，家庭和諧、父母關係和睦，那麼很大程度上能養育出一個人格健全的孩子。健全的人格在之後成長的過程中非常重要，是一種強而有力的素養，對一個人處理任何事物的能力、面臨各種變數的抗壓性等，都有一定的加成作用。而所謂不幸，大概就是：童年長期處於一個缺愛或壓抑的環境。例如父母不和、常常吵架、家長酗酒家暴、吸毒、不務正業……

托爾斯泰說，幸福的家庭都是相同的，不幸的家庭各有各的不幸。不是每個人的原生家庭都是幸福美滿的，也不是每個人都得到過完全無條件、無私的愛。我們的出身或許不完美，我們的原生家庭或許破碎、或許專制缺少溫情、或許彼此關係滿是裂痕，我們成長的路上或許不是一帆風順、一路平坦……人的出生，完全沒得選擇。不能選擇出生在什麼樣的家庭、不能選擇要有什麼品格的父母，也不能選擇出生在哪個時間哪個地點。有時候會聽到小孩子天眞地問：我可以換一個爸爸媽媽嗎？但卽使眞的有下一世，我們也一樣仍舊無法選擇出身。

但是，不論出生在什麼樣的環境、又在怎樣的環境下長大成人，「成長」都是我們人生中的必經之路。沒有一個人的人生走來一路都能順遂妥當，只是跌宕起伏的程度或高或低，感受的或多或少的差別。卽使成長的路上泥濘不堪、雜草叢生，也都不妨礙我們走到今日，最終長成一個外表完好無缺的大人。

沒有意識到自己已經長大的「媽寶」

友人問我：人爲什麼要長大？什麼是長大？讀書、找工作、離開原生家庭的資助，開始自己的生活，然後或成家立業撫養兒女，背負起社會與家庭的責任，或尋尋覓覓中不見另一半而獨身一人生活，獨自承擔起人生中大大小小的考驗。生活有無數種可能的樣貌，只是回首相望，我們是否眞的已「長大成人」？長大意味著切斷了與原生家庭之間的臍帶，獨自承擔起自己人生的責任。成年、工作都未必是眞正的「長大成人」，正如社會上媽寶比比皆是。他們卽使已經成人，可是依然不能自己做重大決策，甚至不懂得責任感，不願意背負自己的人生或家庭的責任。

未庭從小生長在僞單親的家庭中，父親長年在外地工作，只有年節才會回家，大多數的時間都是母親在主理家事。偶爾回家時也極少帶他出去玩耍，反而是去阿嬤家或找朋友吃飯喝酒居多。他從小就看著母親既要外出工作，又要洗衣煮飯，一手操辦家中裡裡外外所有的事。作爲獨生子，他則被母親捧在手心裡，平時除了讀書，什麼事都不需要自己做。他並不喜歡父親回家，因爲父親喝醉後常對母親拳打腳踢，母親會哭著抱著他說：媽媽只有你了，媽媽做的一切都是爲了你，你長大以後一定要保護媽媽、孝順媽媽。

這樣的成長環境，讓未庭養成了敏感的性格，他對母親言聽計從，缺乏獨立決策的勇氣，逆來順受地接受母親對他生活所有的安排。大學前只顧讀書的他，對於大學要讀哪間學校、選什麼專業，全交由母親決定。他也曾嘗試交女友，可是帶回家給母親看，母親說太瘦、不喜歡，於是兩人便分手了。畢業後，他頻繁換工作，母親認爲沒有「錢」途的，他也就都放棄了。好不容易找到一份薪水可觀的工作，可是又要經常加班，太辛苦了。最終他寧願賦閒在家，也不想繼續外出工作，面對那些辛苦和未知。等到三十多歲時，母親想抱孫子，安排他去相親，他便去了，結婚生子，一切都遵從母親的意願。

他現在四十幾歲了，還住在父母的房子裡，每天吃著母親煮的飯，帶著老婆孩子一起過啃老的生活。他不像他父親長年不在家，而是日日待在家中，可是他對老婆孩子也常常非打即罵，就像他記憶中父親對他與母親所做的一樣。

未庭不曾意識到自己已經長大，他的自我被禁錮在童年母親的羽翼和管制下；他的人格也停留在原生家庭的形態裡，不會獨立和成熟。他不曾脫離與父母共同的生活，也沒有給自己的人生一個長大成人的機會。

真正的「長大成人」是很美好的

長大成人，指的是脫離「孩童」的狀態，凡是自己能做決定的，就不再依賴父母；遇到問題知道找方法解決，而不是一味抱怨。可以冷靜地處理自己的情緒，能主動面對自己的錯誤，也能接受別人的批判；犯錯後知錯就改，而不是陷入囹圄一錯再錯。即使不理解別人的生活方式，也懂得尊重；感受到自己內心的孤獨，卻能安然與孤獨共處；知道付出比得到更有福，願意無條件地去愛親人、愛人、朋友……但總之，長大成人，與年齡無關。

它是一種理性、獨立卻又溫和的自我修養，是既能尊重別人，又能夠保護自我心靈的一種境地。長大成人，我們才懂得欣賞這個世界的美，體諒周遭所有的不易，願意無條件地付出愛。

不是每一個人，都能從原生家庭裡得到無條件的愛。兒童心理學醫生臧汝芬說過：幼兒時期給小朋友多少無私的愛，他長大了就有多少愛回饋社會。佛洛伊德也把所有成人的心理問題都歸根於原生家庭。原生家庭這個因，造就了今天「我」的思維模式、生活態度的果，它是一個既定論。在佛洛伊德那裡，我們可以從自己身上發現孩子缺點的來源，可是我們往往無解；心理學家阿德勒則幫助我們找到解決問題的方法：「過去」是生命中的一部分，接受生命的「不完美」，不代表未來也一樣不完美。未來在你的手裡，做爲一個已長大的「成人」，你完全有能力跳脫過去對你的影響，重設人生目標，走向你想要的方向。即使我們的原生家庭讓我們處於「不對」的狀態，讓我們雖然肉體長大，內心卻還是個脆弱的小孩，但沒關係，這不是定論，接納當下的自我，與它和平愉悅地相處，命運掌握在自己的手裡，我們可以慢慢呵護內心這個小孩，讓它學習長大。

體認到孤獨是人生的常態，沒有人可以百分之百的了解你，除了你自己。不要時刻渴望得到父母的關注、親人的呵護，或者是愛人的疼愛，而是要學習愛你自己，關照你自己。承認孤單就是人生的一部分，你自己就是你最該疼愛的寶貝。關注自我，眞正的自愛，不自卑也不自負，認識到自我的意識，協助自我的成長，爲自己的人生擔負起責任，我們才能眞正的長大成人。

長大成人，不止是外在的形體長大、腦力增長，還有內心的成長。只有內心從有父母在的原生家庭剝離了，才能有承擔起自己生活責任的勇氣，才能夠有成熟的人格面對自己的人生；才不會只知道抱怨生活，才能夠不妄自菲薄，才能夠奉獻、更願意與人合作，才能與自己和平相處、享受孤獨，才能夠與親人和諧相處，才能更積極樂觀的對待生活，才能夠更快樂……長大成人太多好處了。因此我們都需要找尋到眞實的自我，長大成人。

8°
夢想還是要有的，萬一實現了呢？

我們小的時候，都寫過一篇名爲「我的志願」的作文。想想那時候是多麼的壯志淩雲啊，我要當科學家、我要當企業家、我要當領導人、我要當明星……一篇篇作文描繪著宏偉的未來，一個個小小的身軀裡，都有一顆大大的心，對未來充滿著幻想與希望。

可是，隨著我們漸漸長大，在只知攀比分數的教育體制下、在對社會逐步加深理解的過程中，學到的東西越多，夢想卻變得越來越小。或許是礙於父母的決定，我們丟掉了自己的夢想，去過他們想要我們過的人生；也或許是礙於現實多磨，我們只能退而求其次，在月亮和六便士之中選擇了後者；也有可能是認識到自身能力的限制，改爲追求更容易實現的夢想；還有可能是，止步於口號，而自己卻停滯不前，沒有任何行動。於是夢想也只能作爲一個空洞的詞語，無法被付諸實現；還有可能是，習得了生活的小確幸，因而丟棄了夢想，告訴自己平平淡淡才是眞，日復一日得過且過下去。

實現夢想的路上，沒有白走的路

如果有一個屬於自己的夢想，然後一點一滴累積，逐漸去接近並實現它，生活會是什麼樣子呢？夢想並不是你想到了，馬上去做，就能快速一步到位地實現；夢想需要日復一日的堅守，不懼風刀霜劍、路遙馬疲。

很少有哪個娛樂明星，讓我喜歡到會想追他的所有節目，畢竟娛樂圈的帥哥靚妹們，擁有大長腿、好看的臉蛋、迷人的眼睛都只算是基本條件。但我卻不小心被王嘉爾吸引，變成了他的小迷妹。

一開始是在YouTube頻道看了他和何炅主持的《拜託了冰箱》，先被他好看的臉蛋吸引，接著發現他根本就是個可愛的「二貨」。他笨得很真實，操著非常港式、不太標準的普通話，說起成語來總是零零落落，卻虛心好學，一直在向周圍的人尋求指正。對每一位來賓都甜甜地叫「哥哥姐姐」，還與何炅組成了「何爾萌」CP，總是對何炅做些甜得發膩的言行，卻還讓人喜歡得不得了。在《中國有嘻哈》中，他又呈現了帥到爆的舞姿，隨時都能來個倒立翻，還有完全不輸嘻哈專業人士的rap說唱，給了我好多驚喜！

出於好奇，我去翻看了他的簡歷，感到很surprise！他出生於香港運動員世家，爸爸是香港擊劍隊總教練，曾經在亞運會拿金牌。媽媽則是體操運動員，也曾經在全運會拿女雙金牌。他自己則是從小先練體操，後練劍，十二歲參加全運會獲得人生第一枚劍擊金牌。這樣的出身跟從小的培養，如果朝擊劍選手發展，或許未來也是奧運擊劍冠軍。可是，他有自己的夢想，他想成爲歌手。

二〇〇八年，他被韓國三大娛樂公司之一的星探發掘，後因父母反對而放棄。那時他父母答應他，如果他能拿到亞運金牌，就可以去做自己想做的事。二〇一一年，他在亞洲青少年劍擊錦標賽取得金牌，終於得到父母允許，赴韓開始練習生生涯。其間他放棄參加二〇一二年倫敦奧運，還有已經取得的香港大學和美國史丹佛大學的錄取通知，隻身一人前往韓國。

用他的話講，他去的時候已經十八歲了，比所有的練習生都大很多。他不會韓文，就用英文溝通，一邊付出比同梯多數倍的努力，一邊學習韓文和各種專業。因爲他開始得晚，所以他格外努力，也對所有的人都恭恭敬敬。二〇一四年，王嘉爾正式在韓國以GOT7成員出道，在組合內主要擔任饒舌演唱、Martial Arts Tricking（極限武術特技）表演。其實他的位置是不太重要的，但他卻從不氣餒，有機會就努力表現。雖然他韓文不太好，中文也不是很流暢，但是他的努力和個性爲他贏得了很多人的喜歡。這期間他參加、也主持了各式各樣的綜藝節目，以至於很多人還以爲他是綜藝咖。從二〇一五年參加綜藝節目開始，他每年仍有一首歌曲作品面世，還在二〇二〇年七月，以隊長身分參加節目《這！就是街舞》第三季，又跟朋友成立潮牌「TeamWang」。

大多數人知道他都是透過綜藝節目，疑惑他這是改變了當初作歌手的夢想，要轉型做主持人？節目導師？甚至要開服裝品牌當老闆？結果就在二〇二一年，王嘉爾與J. Sheon、林愷倫、ICE組成「PANTHEPACK」，終於成爲主唱！

他其實一直在歌手夢想的道路上披荊斬棘地前行。因爲工作宣傳需要，他上了很多綜藝節目，但是也相對地獲得了機會展現他的倒立、舞蹈功力；一路走來，雖然起步晚，資源也不完全是他想要的類型，但他從來沒有拒絕和放棄。他努力讓大家看到自己，也總是能抓住機會表現自己演唱和舞蹈的實力。他用六年的時間，成爲樂團的主唱，夢想終於初步實現！而這一切都來源於他對夢想的執著，不僅不畏父母的阻攔，也放棄了其他成功的機會，堅定地朝自己想要的夢想前進。他的夢想是成爲歌手，雖然沒有最直接的資源讓他馬上成爲大牌歌手，但他毫不氣餒，一路打怪升級，用一個個小夢想的實現爲自己鋪平道路，最終實現了最初的夢想，成了一位擁有衆多粉絲，風趣可愛、古靈精怪的全能歌手！

人還是要有夢想的，夢想讓一個人的人生擁有生命力和重心。比爾蓋茨說：你如果不去實現你的夢想，就會有人雇用你去實現他的夢想。但是，實現夢想的路上，並不是一帆風順的，可能充滿著各種誘惑、阻礙，如果你像大多數人一樣，缺乏相關資源、人脈，還會一路磕磕碰碰，充滿驚險與挫折。但是，這些都不是放棄的理由。只要你堅信自己、堅持夢想，只要你用心地去對待生活，曾經的阻礙會變成你的利器，曾經的彎路會爲你積累獨特的優勢；追尋夢想的途中，沒有白走的路，曾經的辛苦總會以意想不到的方式回饋你。

躺平跟內卷之間的第三條路：今天就動身追夢！

在一期節目中，王嘉爾說他工作時一天常常睡不到四個小時，能在休息的十五分鐘內秒睡。何炅問他，爲什麼那麼拼？他說：就覺得自己離夢想還有距離，不敢懈怠，慢下來就會被很多人追趕上。正如雞湯文所說的：比你優秀很多的人都在努力著，你又怎麼敢懈怠呢？

當今社會，競爭壓力變大，很多人都在議論「躺平」跟「內卷」的得失。到底是要努力打拼，還是要安心在小確幸中度過一日算一日？每個人都有自己不同的答案。事實上，躺平不會讓你的人生有太多值得懷念的記憶；內卷，又往往因爲過度疲憊，而讓自己的路越走越窄。

事實上，躺平跟內卷之間，還有第三條路——追尋獨屬自己的人生夢想。人生很長，我們有自己的選擇權。夢想還是要有的，只要你願意爲此而努力。想一想自己此生想成爲怎樣的人，給自己搭建一個夢想的舞台，慢慢地撰寫劇本，再一個一個小章節地去實現。不要因爲夢想太大或不著邊際，一直停留在空想的階段，卻不會開始行動，而是有一個長期的夢想，再把它分成一個一個的小夢想。先開始去做吧，動身前進之後，新的靈感和機遇自然就會湧現。一個個小夢想先實現了，大夢想也就水到渠成地成眞了。年齡不是問題，開始去做就對了，行動起來的最早時刻，永遠是今天。

夢想還是要有的，萬一實現了呢？

9°

犯錯，是成長的必經之路

愛迪生說過：沒有失敗過的成功，不叫作成功，那是僥倖。

犯錯，是成長中重要的一環。犯錯並不可怕，可怕的是同樣的錯誤，一而再再而三地犯，像是在泥沼裡掙扎的大象，走不出那個泥潭，一直在原地糾纏。如果不能做出改變，打開一個缺口，讓新的能量進來，那麼一切都會原地踏步。

當初一起登上樓梯的人都走了十幾層了，自己還在原地踏步；曾經同班的同學都升高中了，自己還在讀幼兒班……當陷入這種原地踏步的惡性循環，在難以前進的泥沼裡苦苦掙扎的時候，最簡單、最容易做的就是把責任推給別人。因此反過來看，其實正因爲總把責任推給別人，無視於自己犯下的錯誤，把自己當作一個無辜的、不幸的受害者，才會始終止步不前。

推卸責任不會讓人成長，但從今天開始改變會

人生很重要的一課就是自主，我們都要有自主、獨立思考和解決問題的能力，只有自己能爲自己的人生負責，沒有第二個人可以給你的人生兜底。不論是成功了因而開心、感到榮耀，還是犯錯了因此難過、受傷，都是自己需要爲自己承擔與負責的。

可惜，大多數的人，都沒能好好習得這一課。

兩歲的小朋友，開始學著用湯匙自己吃東西，吃得滿臉都是殘渣，A媽媽說：好棒，有吃到一點東西了，繼續加油；B媽媽則是訓斥：吃飯要好好吃，不能吃得滿臉都是，不然就不要吃了！三歲的時候，小孩開始好奇冰箱裡有什麼，搬著凳子打開冰箱，卻打破了一盒雞蛋。A媽媽說：雞蛋是用來吃的哦，它們是要被打在碗裡的，打破了一是很浪費，二是弄髒了地板，你應該拿抹布把地板清理乾淨，以後不能浪費食物哦；B媽媽則大發雷霆：你怎麼就那麼調皮！亂動家裡的東西！以後不許爬凳子，不許自己開冰箱！一面責罵一面把地板拖乾淨……

這樣不同的成長過程，會養出完全不同性格的孩子。被A媽媽教育長大的孩子會很願意嘗試新事物，不怕犯錯，即使犯錯也會很快反思自己做錯的事情，並且及時調整和更正；但是另外一個孩子，長大之後往往不願意去嘗試什麼特別的事情，而是爲一件事「固執」很久，犯錯後也不願意承認錯誤，往往會用謊言去遮蓋自己的過錯，甚至會一再撒謊，只爲了圓前一個謊言，然後一步錯步步錯，成爲一個庸碌無爲的人，最後甚至做出一些出格的事情來。

某些在工作上屢受挫折的人，他們總是抱怨工作的繁重、人際環境的惡劣，還有並不令人滿意的薪水，在工作中學到的只有越來越熟知辦公室政治，在罵老闆和摸魚中度過一天又一天。將所有責任推給環境和老闆固然輕鬆，但停止成長後，即使跳槽到別的地方，也很可能一次次踩進同樣的坑。

當我們還是小孩子時，大腦的發育還不完善，犯了錯或許可以說是因爲父母的教育方式，導致了我們個性中的缺點。但當長大成人後，沒有誰可以代替你爲你的行爲負責，能負責的只有自己。當你做錯事時，即使那是別人給的建議，最終也還是自己決策的失誤。不要去責怪自己的命運、家庭和過去形成的個性，成年之後，這些都是藉口。

很多人做錯事之後會說：那都是我過去接收了錯誤的訊息、都是我的父母如何做錯，養成了我這樣的個性……把犯錯的原因歸責於過去的既定事實，乍一看合情合理，實際上除了讓當事人感到好過一些，對接下來的行動沒有任何助益。我們出生的家庭、養育我們的父母、受的教育，過去那些年養成的個性，它儲存著我們過往的很多記憶、還有一些行爲習慣。但是，它塑造的是過去的我們，它是眞實的存在，但是那是過去的事實。《能力缺陷》裡說，你認爲那個眞實的自己，無非是過去的自己。而今天的你，從當下開始，你的行爲，你的所作所爲都可以由自己來重新定義！

更加成熟的我們，有能力做出更好的改變

認識自己很重要，只有了解自己，才能與自己相處，才能坦然地承認自己過去的一切眞實存在，承認它的對、它的錯，它的優勢，和它的缺陷。客觀地認同它的存在，只是那已經是過去式了，不需要一發生事情，就責怪過去的自己！

現在的你，是可以重新塑造自己的。隨著時間的流逝，你比過去更加睿智和成熟，有能力做出一些更好的改變。改變，不是單純地把過去的事做拆解，把對的留下、錯的修正，這聽起來很容易，但是我們的大腦構造與身體的肌肉記憶功能，使我們沒有辦法分得那麼清楚。所以，把過去的事，客觀地當作過去眞實的存在就好。承認過去的自己有閃光點，也有犯錯和無能的時刻，這就是我們說的「面對」。

改變，是從今天開始，做同樣一件事時採取更正確的方法，而不是保持老樣子，被同一塊石頭絆倒。當然這個新方法，最好適合自己的個性，能讓自己的行爲更得心應手、比較不費力的完成。然後，照著這個方法，列好清單，一步一步地執行。

很多人會說，我就是會被過去錯的行爲所影響啊。事實上，你越想要改變過去錯誤的行爲，它們就越會來搗亂。所以，最好的方法，就是對於過去的行爲方式、思考模式，視若不見。把現在要做的，當作一件需要執行、處理的新事物，建立新的方法，去一步一步執行、修正。

如果你沒有將自己的心打開一條縫，讓新的能量照射進來，一直糾纏在過去，卻沒有創造出新的機會，那麼改變也許永遠無法實現。心裡有裂縫，才照得到陽光。而要給自己修正錯誤的機會，第一步就是要及時發現，並承認錯誤的存在。

有效改變的六大心法

而又如何有效的改變？

第一，多學科的閱讀與學習，接受更多更廣闊有效的知識與概念。

第二，大量地練習，或許同時需要面臨大量的犯錯，可以設定三個月是一個訓練週期，去弄清楚自己錯在哪裡，並總結出需要如何改善？面對自己的習慣，認知其利弊，這需要強大的內心和抗挫折能力，去打破與重塑。

第三，在執行中驗證新的知識。在實踐中，不是所有的新知識和方法都能夠奏效，有的東西自身就是錯誤的，也有可能是用錯了地方，如此挫折感還是會存在，更因爲努力過後仍然失敗，可能更深地打擊自尊。而面對自己的學習壓力與情緒，也會有強烈的挫折感。

第四，大量持續練習之後，開始一段時間的放空。不是什麼都不做，而是學習遠觀。大量的閱讀或者聽有聲書，多做輸入與思考。在重複工作的循環中，大腦往往會逐漸麻木，不能創新與思考。這時最有效的恢復方法，就是讓它停下來，轉移注意力，徹底地休息，有新的其他事物進入之後，大腦就能慢慢恢復有效思考的狀態。思考時，可以問自己幾個問題：Why？爲什麼是這樣？What？是怎樣的表現與意義？How？如何執行與改善？

第五，理解整件事情的意義與邏輯，建立自己的執行系統SOP。

第六，實測並比對這個系統的正確性以及連貫性。再持續練習三個月，將整個系統改善完畢。

願意爲自己的行爲負起責任，改變一直犯同樣錯的最好方式就是：承認過去，創造新的開始。這時要認清自己的能力，用對方法，別害怕犯錯，犯錯是人生的一部分。只有當你停止犯錯的時候，你才需要警惕，因爲這可能意味著：你已經停止了進步，或是該學習新的東西了。

當你不斷地嘗試，就可以透過犯錯來幫你刪除掉一些失敗的可能。

我們都是在錯誤中改變、學習、成長，變成更理想的自己。

10° 選擇與努力一樣重要

從我的老友，小米創始員工老林說起

二〇一八年七月九日，小米在香港IPO上市，市值五百二十億美元，爲科技界新添一個可觀的IPO案。人生雖然不可能處處都是贏家，但是雷軍（小米的創辦人）第二次創業，依然取得了輝煌的戰績。他第一次創業開發的金山軟件，當年也是每個電腦使用者必裝的軟體，是個家喻戶曉的產品。我聽過一次他的演講，帶著湖南的口音，不是一個強勢，或善於以華麗辭藻包裝和作秀的人，似乎就是一個樸實的、眞誠的、憨厚的老實人。

最後能夠走出一條寬闊大路的人，大多都是不擅於掩飾自我，而是能夠顯露眞性情的人。他們沒有時間僞裝，大部分精力都用在追根究柢地解決問題，深刻思考他們專注的領域。這樣努力、堅定又有眼光的人，似乎成功也是老早註定好的。

但接下來要說的不是小米的領頭人，畢竟我和他不熟。而是我大學的一個校友——和我同鄉的老林。他是小米初創的員工之一，他有小米發行的原始股。小米IPO上市，一夜之間，他就成了億萬富翁！

當年我們是一起考入大學的同鄉，他家世普通，讀海洋生態系，在人群中並不起眼。當時我們幾個同鄉關係都很親密，經常一起聚會，大家吃吃喝喝玩玩，過著自由快樂的大學生活。只有他，大學四年連女友都沒有交過，很認眞地在啃書。大二的時候，他覺得自己的專業沒有前途，業餘時間拿來K計算機編程的書。到了大三，他架構了一個自己的校園網站，我還幫他寫推廣行銷活動策劃。如果當年，我們有想到一起來將網站堅持做大，或許也是另外一條出路。只是，後續網站沒有很快產生實質收入，最終就無疾而終了。大四，我們都曾經想過去考研究所，一堆人天天泡在圖書館。結果是，一時興起的努力沒有奏效，我們都沒有考上。

當年畢業的同學，有家庭背景的幾乎都會出國，或者回家鄉繼承家業。再來，有膽量的可能直接去北上廣打拼了。剩下的人則分散各地，大多選擇了專業相關的工作。

因緣際會下，我成立了自己的第一家科技公司，接一些外包軟體的業務。我印象很深刻的是，那時候市場上幾家薪水還不錯的軟體公司，一家是某集團的分公司，接其集團內部case，再來就是我們幾家新創公司。老林畢業後，跟隨學長一起進了某集團旗下的那家軟體公司。第二年，他說想跳槽換一家公司試試，於是我對他說：來我們公司吧。

他是一個很有耐心，也非常努力的人。大多數時間，他不是在公司跟著主管學習編程，就是在讀編程語言相關的書籍。在我們公司工作的那兩年，他實實在在地做了很多事情。他踏實努力，又不怕困難，看準了就堅定地走上自己的路，不斷探索和積累。雖然大學拿的是海洋專業的畢業證書，工作後卻成了一個有自己想法的工程師。

後來，他說想離開公司所在的城市，趁著年輕去闖一闖。於是他去了北京，進了小米。最初的年薪是三十多萬人民幣，扣除買房的存款和寄給父母的養老金，在北京生活得非常艱苦，跟其他人合租在外環的民房。他常常沒日沒夜地加班，用他的話說，因爲自己起點低，自然要付出比別人更多的努力。就這樣，他在小米工作了三年，開始帶團隊，成爲企業的中堅力量。結果，小米一上市，他直接跨越了一個階層。

選擇與努力不是二擇一，而是相輔相成，

選擇跟努力，到底哪個重要呢？要先看得到未來，才能堅定不移地努力；只有努力讓自己有了一定能力，才能看得更高更遠，也會有更多的選擇權利。

我記得他跟我說過，他要去試，一家公司兩、三年，試得差不多了，就要懂得跳躍。因爲選擇如果對了，會省掉非常多的奮鬥時間。但是前提是，你得讓自己有選擇的權利。我想起他當年自學的情境，還有工作時不屈不撓的努力，那些辛苦的歷程，結果都是值得的。

很多人都說，選擇大於努力。人生總會面臨很多重要的選擇，選擇對了，即使努力不夠，仍然有機會。但，一旦選擇錯了，哪怕再多的努力，都無法超越正確選擇所帶來的成就和格局。

儘管，環境不會盡如人意，生活不能任人隨心所欲，但「選擇正確」就能擁有幸福的人生，是大多數人的觀點。雷軍曾經也說：風口來了，豬都能飛上天。但是，如果你沒有一開始的努力，讓自己具備更多的知識和能力，你怎麼能辨別哪些是眞正的風口？哪些是陷阱？

或許我們人生的起點都不同，有人出生就在別人的終點線上，也有人奮鬥一生才有機會與前者坐在一起喝咖啡。但是，對於每個人來說，學會選擇適合自己的路，是我們成長必不可少的一課。人生的路自然有千萬條，而適合我們的路往往其實就只有幾條。

不要輕易地羨慕別人，也不要人云亦云、任人擺布，而是要去思考自己眞正想要的人生是什麼、想要成爲什麼樣的人，我們才能在複雜的情境當中作出最好的選擇。

眞正的飛躍來自於我們在選擇中不斷地自我進化，更來自我們在努力的過程中不斷地提升自己，這兩者是相輔相成，缺一不可的。我們都有選擇的權利，但是，如果你不曾離開舒適圈去努力過，你是沒有辦法找到風口的。當選擇來臨，你很可能並不具備抓住它的能力，更沒辦法一飛沖天，很可能只能在不斷的「等待時機」中消磨勇氣與人生。

當然，如果你在前進的過程中懈怠了，沒有持續不斷的努力，飛上天的豬也沒有辦法安全著陸啊。因此，我覺得努力與選擇一樣重要。如果沒有努力，供你選擇的路就有限制，即使做出了正確的選擇，卻因爲努力不夠半途而廢、一敗塗地的比比皆是。先有努力、才有選擇的餘地；有了選擇，也要繼續努力，才能心有所想、事有所成。

選擇與努力一樣重要，我們都應該努力讓自己有選擇的權利與空間。而努力本身，從來也不是只顧低頭趕路，重複苦行僧一般的生活，而是要在一次次選擇中反覆運算認知，調整自己前行的方向與路線。如此，才能夠成就不悔的人生。

11°

貪婪是財富與幸福的天敵

人類總是喜歡和自己鬧對立，他用眼前的痛苦來欺騙將來的希望，又用不屬於自己的將來，來欺騙眼前的痛苦，人類的一切行爲，無不打上自相矛盾和軟弱的烙印。在人世間只有災難是完整無缺的。——巴爾扎克

傳銷與詐騙利用貪婪將人誘入深淵

前些年，中國各省都盛行傳銷組織，友人慶偉就曾被一個網友騙進去過。他和幾個人被關在小屋子裡，每天都有頭目給他們洗腦上課，說只要每個月投十萬，就能有二十萬的收入！在那裡，每個人都有拉人來「投資」的義務，沒有拉來投資的人，就只能幾個人擠在一個小房間裡，吃喝拉撒都不能離開那個房間，直到他們能用各種手段從父母、親朋好友那裡拿到錢爲止。被捲入傳銷的人越陷越深，最終搞到家破人亡的例子比比皆是。

友人回憶時說，他進去第一天就發現不對，他們被關在二樓的一個有窗戶的小房間，他就盡量讓他們相信自己在找錢，然後在第七天跳窗逃跑了。雖然腿受了傷，但是至少保住了一條命。那個網友是如何巧舌如簧騙他入甕的，已經無從考究，但可以猜測得到，貪婪是一切衝

動、不理智行爲的起源。傳銷集團正是利用了人們貪婪的心理，勾起人心底的慾望，才能夠行騙的。

不管貪念是大還是小，只要起了貪心，它就會成了禍根，往往它只會讓人深陷泥潭不自拔。

一位很久沒聯繫的大學校友突然跟我問好，想要跟我借錢。我問她發生什麼事情？她說：幾個月前開始投資一個網絡P2P，年息有18%，一開始也只是拿了一點零用錢投下去，前三個月平台都有按時付利息，於是她放鬆了警惕，就把家裡所有的積蓄都投進去了。結果到期之後，平台爆雷了，她的錢全都拿不回來了！她還不知道該怎麼跟她不知情的老公交待，只能到處借錢，先解決燃眉之急。那時候銀行存款的利率是4~5%，一般貸款的利率也只有7%~10%。

什麼樣的企業可以讓你拿到年息率18%的穩定收益？所有的收益都是帶有風險的，超出固定無風險利率（銀行利息或國債）的利率，都要擔心本金是否會被吞噬。想要獲取超出合理範圍的額外收入，就要承擔一定的風險。你的慾望是否在自己的能力範圍內，是自己可以控制的？還是自己完全無法預期、無法掌控，只是一頭熱？

如果只是憑著別人天花亂墜的描述，或者自己天馬行空的想象，哪怕有一些小小的成功案例，它都不是讓人孤注一擲的藉口。慾望一旦被打開一個缺口，它就很難被填滿，前面的路對應的也會是巨大的陷阱。

最近柬埔寨打工的新聞鋪天蓋地滿天飛，新聞播報的很多畫面都慘不忍睹。很多年輕人因爲高薪廣告的誘惑，被騙去柬埔寨，遭遇了綁架、性侵、拐賣，甚至器官被摘除販賣。除了傳銷、P2P，還有入股股權、買彩券、殺豬盤、虛擬貨幣、網路賭博等等，都是通過高昂回報的誘惑來行騙。

現在的年輕人特別容易焦慮：同齡人月薪十萬，我每個月才賺三萬，待在天龍國，我一輩子也買不起房子，還是要另找出路；我才二十幾歲，怎麼就開始掉頭髮了；周邊的人都買蘋果手機，我竟然沒有……在這個資訊爆炸的社會裡，年輕人受到的洗腦非常多。但以他們的認知與經驗，又很難去辨別這些謊言，很容易沉浸在無良商家和毒雞湯營造的各種假象裡，一邊恐懼一邊失落，用透支未來的方式去滿足當下的慾望。

當慾望被無限放大後，舊的需求往往還未得到滿足，新的慾望就已產生，一種需求的不滿繼而會引發其他需求的不滿，各種因素互相影響，就會形成惡性循環，而人在這個循環中越來越焦慮，找不到出口。

於是，很多人就把希望寄託在一夜暴富上面。要嘛頻繁更換職業賽道，要嘛輕信一些可以「賺快錢」的機會，而忘了任何成功都需要日積跬步的提升，也難以享受當下生活中的點滴，最終將生活過得一無所獲、雜亂無章，甚至是會波及到生命的安全。

北京新三板上市之後，很多中小企業本身達不到在場內市場融資的條件，爲了募資，開始宣傳私募股權。於是很多領著高抽成薪水的業務員到處兜售「私募股權」，用毫無根據的PPT宣傳公司三年內會登陸新三板，市值將翻十倍以上。

很多對企業內情一無所知的人蜂擁而上，甚至拿出了家庭所有積蓄。但一、兩年後，這些公司不光上不了新三板，還很可能會倒閉，那些投資人辛苦賺得的血汗錢，都將血本無歸。

還有前幾年網路詐騙有名的「殺豬盤」，冒用帥哥、美女頭像，在各種交友軟體上尋找異性，對他們噓寒問暖、關懷備至，用感情「哄騙」這些人。他們集團內部有一整套的詐騙操作手冊，時機成熟之後，就開始引誘受害人投資，比如在一個網站投資股票、比特幣，甚至是玩彩券、賭博。前幾次先給一些甜頭爲誘餌，等到「獵物」入套，投入了大筆金錢之後，那個網站的錢就會無法轉出，「網戀對象」也會跟著消失。

還有隨著彩券應運而生的各種私彩，每天賭開幾個數字，有友人第一次買了幾百塊就中了幾十萬，後來一發不可收拾，本著可以再賺個幾十萬的心理，結果東拆西借撒了幾百萬的錢，心裡以爲只是爲了賺回本錢，而沒想到那可能已經是賭博行爲，因此輸掉了所有身家甚至背負上債務。

遠離財富焦慮，生活飽滿踏實

巴爾扎克在他的名著《驢皮記》中告訴我們：世界的基本法則是等價交換，命運給的一切都在暗中標好了價碼。依靠運氣得到的財富，如果認知水準跟不上，沒有駕馭財富的能力，最終會憑自己的本事失去。

所以，很多人中了大獎以後，生活反而過得更差。肯亞作家吉坎蒂在《富裕，屬於口袋裝滿快樂的人》裡也說：使人富裕的不是金錢，而是富裕意識。沒有富裕意識的人不能富裕，就算中彩券也沒用。

那些能積累起財富，且能一代又一代傳承下去的富豪，從不把改變命運的可能寄託在運氣上面。靠運氣得到的財富沒有生命力，不會有持續而長久的收益；只有靠自身的知識和能力，才能駕馭財富。這個世界的誘惑，從來不曾少過。如果世上真有一張驢皮，能實現你的一切願望，但代價是你的生命會縮短，那麼你會如何選擇呢？「貪婪，是魔鬼最愛的原罪。」

年輕人想要打破焦慮的循環，就要摒棄虛榮，多一點自律，避免被捲入從眾和貪婪的漩渦。當然，慾望就像洪水，宜疏不宜堵，自律並不是壓抑慾望，而是要管理慾望，平衡慾望。將慾望限制在自身的認知範圍以內，避免貪婪毀掉自己的幸福與未來。

（節錄自〈如果你一心嚮往成功，那麼，你一定要看一看《驢皮記》〉，作者／羅翔）

華麗的外在，是沒有太多本質上的區別的。

物質，從根本上的需求，其實是非常有限的。衣服本不過只是遮體取暖的功用。全身上下各種名牌罩身，與低廉品牌的服裝並無本質上的區別。只不過讓「財富」驚醒著看得到的人、獲得一些權力上的象徵罷了。

吃的食物亦是如此，簡單粗糧可以果腹，精緻奢華的各種美食，進了肚子還不是被分解成纖維與碳水化合物排出體外嗎？除了眼睛的那一瞬的賞心悅目與入口的第一口感稍不同，並不能有什麼更多的區別。

物質富裕的人，把財富通過外在的形式呈現出來，這是無可厚非的。就像年輕貌美的人，每天露奶露腿一樣，那是本錢的象徵。

可是，如果本沒有這些條件，硬是留著口水、跟著學，那是得不償失、甚至會陷入痛苦的循環了。

不要跟富豪，比財富；

不要跟網美，比胸部；

不要跟貴婦，比花費；

不要跟健身教練，比身材……

本我，就跟物質一樣，是虛無的，它是需要在不停的學習中更進的。我們要在精神、心靈上充實本我，而它們都是需要用時間去灌輸「糧食」的。

浮華是歌，是嫵媚的舞曲，亦是大道的沙石。

在這個佈滿絢麗泡泡的世界裡，獨自追趕著屬於自己的睨光燈。儘管會寂寞甚至枯燥乏味，但是繼續下去，會踩到遠遠綿長、堅定的路，這樣的每天會樸實無華卻飽滿踏實。

盧梭在《愛彌兒：論教育》中寫道：無聊、悲觀、挑剔、驕奢淫逸的人，都不會體會到生活的美味。而只有對生活抱有希望，但又不對幸福過分憧憬的人，才會快樂。學會應付失去你本就有可能失去的東西時的情況；學著在應付各種突變的過程中，轉移你的心思，使之不受到任何摧殘；學著鼓起勇氣面對逆境，讓自己不至於淪落到悲慘的境地；學著堅定地履行責任和義務，讓自己永遠不會做出犯罪的行爲。這樣的話，盡管命運作崇，你依然會生活得快樂；盡管慾念叢生，你依然會生活得嚴謹。

12°

走過成長的瓶頸

我們在學習或者成長的過程中，都會遇到瓶頸，沒有人能夠一飛沖天、一鳴驚人。友人老丁最近在工作上遇到了很大的瓶頸，五年來，作爲公司業務的頂樑柱，有三年的時間績效都毫無突破。他說，能去聽的營銷課都去聽了，卻不知道卡在哪裡，總是無法吸收改進，最近常常爲此愁容滿面。

某些人或許很有某方面的天賦，他站的起點比別人更高，看待事物更透徹，也更容易深入；也或許他的運氣極好，做事一直都很順利，子彈都能百發百中。不過，在不同的年齡階段，他們或許也一樣會遇到瓶頸，只是每個人的問題點不一樣，發生的早晚會不一樣罷了。

我們都有過打通任督二脈之前的卡關期

這幾年常常在講逆商（AQ），社會上反倒不再特別強調IQ或者EQ。簡單來講，就是你面對逆境的時候，處理它的能力與承受能力。我們都知道，一個人平時成績很好，但是大考可能會發揮失常。眞正可怕的不是這一次的失敗，而是餘生一直無法走出失敗的陰影，浪費了自己的聰明才智。

我一直很欣賞小米的創辦人雷軍，他初次創業研發的金山軟件快倒掉的時候，能夠東山再起，後來不僅把金山軟件成功上市，還投資了大大小小十幾家海內外上市公司。不是一直優秀的人就能成功，而是成功了的人一直都很優秀。每個人的成長歷程不同，還是一樣都會走到一個高原期，遇到自己的瓶頸。關鍵是，你如何看待它？用什麼樣的思維去解決它？

你有沒有經歷過這樣的一段日子，覺得自己很努力地學習去做某件事情，也很專注，非常想做到最好，卻還是一錯再錯，不停地出各種問題，就像被施展了魔法，被定格在某個失落的空間。你知道什麼是對的，你覺得你能看得懂整件事情的局面。但是身體好像被封印了，始終動彈不得。有一股力量如鯁在喉，卡在身體裡的能量始終無法釋放，就變成了沮喪。

想要打通任督二脈，談何容易？如果郭靖沒有先練過江南六怪的腿腳功夫，他就不會有很好的身體底子跟武功根基；而如果他沒有遇到全眞七子的馬鈺，他也不會習得內功與輕功；沒有那些功底，他可能就無法領悟到洪七公的降龍十八掌。把時間拉遠來看，所有的學習過程，都是有先後順序的。有些人接受能力快，成長得快一些，被老師稍點卽透；而有些人可能會笨一些，理解慢了一些。有句諺語說「笨鳥先飛」，但生活中或許笨鳥都是最後一個飛起來的，牠常常摔得一身傷，可是只要牠成功起飛一次，或許牠就不會再懼怕山崖跟高空。很多能量的積蓄，都不是一蹴而就的。所有的磨練，都會在你面對林林總總的問題、困難的時候，激發你的心理能量和能力。

巴普洛夫的條件反射學說告訴我們，每次做對事情就給予獎勵，會形成條件反射，而這個反射動作經過記憶深化後，就成爲了習慣。就像是訓練狗狗，在固定的時間敲鐘讓牠吠三聲，做對了就給牠骨頭吃；時間久了，你一到時間去敲鐘，狗狗就會流口水了。這樣的習慣養成，在大腦中形成了肌肉記憶，是很難改掉的。如果你有一些行爲習慣給予過你成就感（在很多時候都能受用），卻要你在遇到類似的情境時，不去按照那個習慣來行動，硬是要做出你沒做過的反應，這可能嗎？不可能。除非能夠拋棄自我意識。在我們學習的過程中，都會遇到這種只會依照舊模式反應的瓶頸或者問題。

如果本身記憶力不是很強，思考也不是很迅速，甚至連理解力都欠佳，難以舉一反三還要想很久才能通透的狀況下，要如何才能快速打通任督二脈？我曾經以爲，通過持續不斷的高壓，或許時間久了，它會自己被打通。但事實證明，錯的次數多了，只會讓人更加地沮喪與自我懷疑。連原先自己曾經實踐驗證過的好習慣，都會開始被懷疑：這樣對嗎？進而開始自信心動搖，不再信任自己的各種行爲。

信任自己的本質是什麼？那是行爲和習慣多次導向對的結果，給予自己獎勵後，形成的自我認同感。因此絕不是靠喊喊口號，就能馬上改變、相信自己的。

認清自己的能量圈，以此為中心擴散

因此，我很喜歡巴菲特跟芒格用「能量圈」來衡量個人的投資：做你看得懂的事，做你能量範圍以內的事。

在學習的過程中，我們也會有一種習慣性的迷思，就是東西來了就全盤接收。這到底對不對？如果你今天在某個領域裡面是一張白紙，那自然是對的。因爲你一無所知，對所有的東西都是好奇的，也很容易去感受、體會、按指示完成。對於老師來說，最難教的，可能就是已經在某個領域做了很久，也有一些正確積累的人。作爲師父，自然希望徒弟全盤接收自己的東西，一字不差的體會與完成。可是事實告訴我們，這不太可能。即使是天天生活在同一個屋簷下的孩子們，用完全同樣的方式教導他們，不同的孩子領悟的成果也可能各有不同。

我們終究是人，而不是機器人，沒有辦法做到完全的複製。知道是一件事，做到眞的是另外一件事。那需要相同的認知、經驗，與成長歷程。我不認爲有人可以模仿另一個人到一模一樣的程度，連同卵雙胞胎之間也都會有所區別，何況是不同父母生養、不同生活環境長大的兩個人。

個體之間差異化的存在，與自我意識、認知儲備，都是了解自己能量圈的關鍵因素。你的能量圈是過去的習慣的總和，裡面讓你最受用的好習慣，就是你能量圈的極大值。

面臨學習的瓶頸時，要如何處理呢？找到自己的能量圈，把你的優點、你最拿手的事列出來。這個行爲給你的收益有多大？是不是可以持續的行爲？你現在的行爲中面臨的阻礙和存在的缺點是什麼？在新學習的事務中，能夠使用的方法與策略都有哪些？哪些做起來順手，哪些讓你覺得彆扭不舒服？對於你的行爲，這些策略與方法是否能給予指導、修正與改善？如何辨識自己的個性跟對的行爲習慣，根據學習的新事物來調整自己的行爲？

剛開始的狀態往往是：以自己習慣的行爲加上一個新的學習方法，兩者互相打架，亂糟糟，一片混沌；慢慢地，能熟練運用新方法，並逐漸增加新方法的比重，把原有舊的行爲打亂，進入似懂非懂的混沌階段；最後的狀態是，原有的好行爲被保留了，而不好的行爲通過新的練習被改善，新方法變成了被內化的、能夠熟練運用的、屬於自己的行爲習慣。這可能是學習最終要達到的最佳狀態。學習不等同於簡簡單單的「努力」，學習是一條需要思考、需要新方法，並不停練習的道路。有關卡就要去思考如何解決，兵來將擋，水來土掩，而不是像個機器人似的，只會機械地輸入與輸出。

在學習與進步的路上，要跟過去的自己比，而不是跟別人比較。只期許今天的自己比昨天的自己好一點點，進步一點點。雖然很多人可以做得到的事，你未必可以做得到，但你也要知道，你做得到的事，別人同樣未必能做到。了解自己的能量圈，保有好的行爲習慣，再用內化後能熟練運用的方法來改善不好的行爲，以及學會做起來順手的新方法，或許就可以幫助你打通學習的瓶頸，守得雲開見月明，進入成長的更高階段。

CHAPTER 3

——LOVE OR NOT

愛，不是天生就有的能力，

它是需要學習與練習才能習得的技能。

13°

誰不想談一場永不分手的戀愛？

寒風吹徹的日子，人行道上，落葉和被雨水打濕的地面緊緊擁抱，因爲它們太冷了。水和樹都傷心極了，只是堅強地忍著。樹葉依偎在樹上的時候，它有想過自己會離開樹嗎？雨水滴落在地面上的時候，它也曾以爲那是永遠的歸宿吧？開始的時候，誰會設想結束？如果想好了結束，誰又會想開始呢？誰不想談一場永不分手的戀愛？

愛情來臨的時刻如此美好

愛情來臨的時候，總令人歡悅得手足無措。你還記得，第一次被那個人直視的時候，你的心砰砰砰的不停亂跳。明明外面很吵雜，你卻可以聽得到自己每一次心跳，它像小鹿一樣，快跳出了心房。

愛情來的時候，也往往出乎你的意料。即使你是一個計較分明的人，詳細列好了要愛的那人的條件，可是偏偏讓你心動的人也沒有符合幾條啊。你說你愛瘦的，偏偏那人是微胖的；你說你愛高的，偏偏那人遠在你標準之下；你說你喜歡溫柔的可靠的，偏偏那人一把大嗓門還糊里糊塗的……

愛情來敲門的時候，你的腦袋裡有很多的苯乙胺，它讓你呼吸和心跳都會加速、手心出汗、顏面潮紅，瞳孔放大。它讓你自信心空前膨脹，對那人海誓山盟，願為那人上天攬明月，深陷情網的你會真的相信自己有這樣的力量。但是，它也能讓人產生偏見和執著，喪失客觀思維的能力，堅信自己的選擇是對的。

愛情就是這個樣子，會在不知不覺中降臨。眼睛為她下著雨，心卻為她打著傘，這就是愛情。泰戈爾如是說。你被那人打動，你為那人打開心扉，你想與那人一起譜一首你們共同的樂曲。開始的時候，總是美好得讓人暈眩。

愛情很美好，但不保證天長地久

小敏是一個不算太高，長相甜美的女孩子，永遠都披著一頭柔軟的長髮，纖細的身材，有一張精緻的小臉，家境、教育良好，從進公司開始就一直是眾人八卦的中心。「她前段時間不是跟Leo出雙入對？」在茶水間，一位同事說道。另一位說，他們分了吧，她現在不是跟Mike在一起？員工聚餐去唱完卡啦OK，小敏送喝醉的Mike回家的啊。「她跟Leo不是才在一起沒有多久？怎麼談個戀愛這麼短？換男友比換衣服還快了。」

如果不是我剛好要去茶水間倒一杯熱水，我就不會聽到她們對小敏的八卦，也不會為此感到氣憤。畢竟，小敏與Leo分手的時候，她哭得撕心裂肺，那一個月她過得有多難過，我是見識過的。

Leo長得胖胖的，個子不足一米七，他們是在一個聯誼會上認識的，剛好Leo是小敏公司的上游廠商。第一次會面後，彼此留了聯絡方式，因爲工作的原因，雙方的話題自然的就多起來。後來男生很是殷勤，開了一台大衆的Polo，下班時常常去公司樓下接小敏。認識一個月之後，雙方確定了戀愛關係。每個週末，男生都會開車載她去踏青小旅行，也會經常送她喜歡的玫瑰花。

小敏是喜歡他的，覺得他博學多識，幽默風趣，還體貼用心。漸漸的用了很多心思、力氣去愛他，她以爲他們是互相喜歡、相愛的，並且會一直走下去。直到三個月後的某一天，突然間收到男生發來的一條訊息：「我們分手吧，不要再聯繫了。」小敏的電話打過去，對方電話裡只傳來：您所撥打的電話已停機。小敏就這樣毫無徵兆的被分手了。她有那麼幾天覺得自己被掏空了，一直自我檢討與反思：我哪裡做得不好？我哪裡錯了？爲何會讓對方不告而別？她知道這不是她的第一場戀愛，現在也知道不會是最後一場，但是她還是痛哭流涕，傷心難已。

當你遇見喜歡的人，身體會分泌「去甲腎上腺素」。它讓人心跳加速、興奮激動，產生小鹿亂撞的感覺。它還能使人精力旺盛、毫無睡意、充滿渴望、失去食慾並且集中注意力。因爲愛情，你的腦袋裡滿滿都是多巴胺，它不僅是合成「去甲腎上腺素」的前體，它也是種快樂物質，帶給你們歡欣的雀躍，擁抱彼此的安全感與滿足感。你們相愛，體驗著前所未有的快樂。所有的身體機能，都主動的帶你進入美妙絕倫的愛情世界。你的理智，被拋諸腦後。

誰不想永遠沉浸在愛情裡？誰不想每天醒來都被美好擁抱？誰不想談一場永不分手的戀愛？但誰能在擁抱愛情的時候，就規畫好每一天如何與那人相處？規畫好未來生活的一切？你被那些化學物質所掌控，並不知道未來對你們意味著什麼。誰能爲愛情設計一套完全無bug的程式？從一開始就有完美固定互動流程，按部就班、永不出錯？在愛情裡，沒有人是完美的設計大師，那套流程複雜到能摧毀所有的想像力。

我們都知道，忘記一段感情，一是需要時間，一是需要另外一段感情。Mike是小敏父親的朋友的兒子，是父親的朋友介紹給小敏認識的。他長得英俊挺拔，看上去斯文有禮，小敏也不排斥，想說可以試試看吧。愛情就是這樣子，來的時候轟轟烈烈，走的時候可能悄無聲息。愛情是兩個人的事，分手卻是一個人就可以決定的事，與另一個人無關了。要離開的人，怎會在乎另一個人的感受呢？如果可以天長地久，又有幾人想曇花一現？

相愛未必白頭到老，但沒有開始永遠不會知道結果

有一句古老的諺語：如果我知道我會死在哪裡，那我絕對不去那個地方。如果我知道我哪一天會不再愛你，我會銷毀過去所有不好的記憶。誰不想有一份完美無瑕、從一而終的愛情？如果世界上有出售可以讓你對某人永遠「如初見」的特效藥，應該會被瘋搶一空吧？可是，偏偏，世界上沒有這種東西。

我們腦袋裡，也沒有足夠的腦內啡，讓曾經親密的感覺永不褪去。伴隨著生活中的柴米油鹽醬醋茶，面對著親戚朋友同事複雜的人際關係，我們總會有所遺漏、有所期待、有所失望、有所改變……我們那曾經美好的愛情，總會失去了原來的色彩。都說相愛容易相處難，可能只是因爲她的某一個小細節讓對方看不慣，對方就一走了之，不告而別。

人人都說婚姻是愛情的墳墓，走入婚姻，葬送愛情。有些人牽手走進了婚姻，才發現彼此並沒有那麼相愛，生活在一起是折磨、是地獄。走不下去，糾纏一段時間，最後還是離婚分開了；有些人談著談著，愛著愛著，就不想談、不想愛了。有些人是又愛上別人了，有些人不被愛了。

這世間有幾人，相親相愛，眞的白頭到老還能如初見？等到老了，還能回頭發現當初的承諾依然沒變？但沒有試過，又怎麼知道那人是不是適合愛你到最後？體驗愛情，對自己的人生負責，遠遠好過於潦草行事。雖然你負責了，對方未必會負責。但是管它呢，想愛就去愛吧。如果想愛，卻不能愛也不被愛，那才是悲哀。

誰不想談一場永不分手的戀愛？從一而終、相濡以沫，那是夢想。有緣無緣，又哪是一個坐在觀眾席上的人說了算的呢。感情來的時候，不怯場、不瞻前顧後，用自己的眞心全心全意的去愛那個人。離開的，都是該走的。不吵不鬧，傷心過後收拾好自己的身心，照顧好自己，過好自己的生活。或許，那個屬於自己的緣分，就是下一次。

14°

有一種初戀，叫作喜歡過就好

娜娜結婚的時候，我們滿是驚訝，因爲她是我們大學宿舍六個室友裡第一個結婚的。更驚訝的是，她的結婚對象竟然是她高中同學。我們聽到這個消息的時候，腦袋裡充滿了各式各樣的想像。「哇喔，經過了這麼多年的單戀，他們終於要修成正果了。」我悠悠道：「那劉飛不是交了女朋友了嗎？他拋棄了她，現在又終於知道娜娜的好了？知道回頭是岸啦？」小愛回我：「什麼啦……新郎又不是劉飛！」「啊？不是吧……高中同學耶，不是他?!」我的嘴巴驚訝得合不起來。「給你看她老公的照片，你就知道了。」我看了後，不禁嘖舌：「嗯，不錯，挺有樣子的，至少比劉飛帥多了。」

娜娜的結婚照，美得不可思議，甜甜的笑意、洋溢著滿臉的幸福。她終於遇到了她的眞命天子。在她往前追逐另一個身影的時候，原來她的眞命天子一直守在她身邊。

我問娜娜：有跟劉飛聯繫嗎？娜娜說：沒，一直都沒聯繫。

六個女孩的青春無敵

那些時光只跟青春有關，歲月早把它淡忘了。我們那時候都是懵懵懂懂的，從天南地北來到一個小島上讀大學。大一開學的時候，我們六個學子被分到一間宿舍，一住就是四年。

現在想起第一次跟娜娜對話的內容，都還會想笑。我說：我是山東人，你是哪裡人啊？娜娜說：我是福南人。我說：哪裡人？她又很認眞地強調一遍：福南人。我瞬間後悔自己小時候不好好讀地理了，中國有幾個省都搞不清楚，只聽過「福建」、「湖南」、「湖北」，都不知道有「福南」這個省。還是她說的是縣城？省我都不熟了，縣市更是完全摸不清。於是我又說：我是問你哪個省的啊？她著急的回答：就是「福南、福北」的「福南」啊……後來問她對床的燕妮，她說她們是來自一個省分的，都是「湖南人」。這成了我對她難以磨滅的第一印象。

更誇張的是，第一次自我介紹的時候，她就告訴大家，她是因爲一個男生才來讀這個大學的。哇喔，愛情小說看多了，第一次親臨其境的感覺，大家都很好奇。我們以爲這是青梅竹馬的愛情故事，娜娜則說她高一開始就喜歡他了，喜歡了四年，他高三考上這所大學，而娜娜落榜了。她就複讀了一年，歷經高四的折磨，終於如願以償，追隨她喜歡的人來到了這裡。我們問她：你們發展到什麼程度？有沒有親親？還是？……大家哄堂大笑。

娜娜靦腆的回答：沒有啦……後來我們才搞清楚，原來她是單戀！單戀了四年，這次明明可以讀更好的大學，她卻堅持要來有他的學校。娜娜留著學生頭，雙眼皮的眼睛笑起來感覺很甜、很有女人味，雖然是中等身材，但是走起路來總是很優雅。我們猜想：能讓她這麼喜歡的，該是個大帥哥吧。

後來大一新生報到，大二的學長、老鄉們都來看我們。無奇不巧的是：我的老鄉學長跟娜娜單戀的他是同班同學，還住在同一個宿舍。這下我們可樂了。當我們看到這個被娜娜誇得像花兒一樣的男生時，確實是朵花，滿臉的痘花。雖然有一米七八的個子，瘦瘦的，但是有點駝背。臉上的痘疙瘩，混淆了他的眼睛。沒有一個眼鏡框架在那裡，根本找不著他的眼睛。我們真是大失所望。

但是，無論如何，他還是娜娜的花兒啊，也就成了我們定時追蹤的對象。很遺憾的是，大都是我們女生往他們男生宿舍跑。我們幾個像孩子一樣，跟在學長們的屁股後面，哥哥長哥哥短的。可惜這些哥哥們都是我的老鄉學長，不是娜娜的他。叫劉飛的他可忙著呢，忙著競選學生會會長、競選班長，忙著考英文四六級。反正，在娜娜跟著他屁股後面跑的歲月裡，劉飛都在忙學習、忙著班務、忙著學生會的事。

後來從我學長那裡知道更勁爆的事：劉飛喜歡的是他們高中同學的另一個她。也太混亂了吧……把我們這些從未跟男生牽過手的女生的大腦都搞混了。頓時覺得愛情的世界好複雜。

娜娜並不急於告白。雖然，她喜歡他幾乎是眾所周知的事情。但是，我們替她著急啊。就這樣，不知不覺的晃著晃著就大三了。我們其中的幾個，都真槍上陣體驗過愛情的真諦了。她還在那裡夢想著她的王子有天會回頭發現她的存在。大三的時候，我們慫恿她去問問劉飛到底對她有什麼想法。過去這些年他不拒絕也不答應，不是浪費青春嗎？娜娜真的去問了，但是回來後，她就躺在床上不下床了。她好像失戀了。

從此，她沉浸在情愛小說裡，什麼「總裁我愛你」啊，「秘書成了董事長夫人」啊……反正學校附近的租書店裡所有的情愛小說，都成了她的枕邊客了。我們勸也沒用。她除了考試會出現在教室，大部分時間除了吃飯睡覺就是看小說。這種狀況一直延續到大三快結束。她這一低潮，就是半年多。

單戀七年最後的句點

劉飛要畢業了。學長們都已參加完畢業論文辯論，讀研究所的讀研究所，找工作的找工作了。那一晚，娜娜大半夜還沒回來，我們擔心她，小愛說她去跟劉飛約會去了。我們七嘴八舌的，既替她開心，又替她擔心。那一夜，她始終沒回來。

難道王子終於願意點頭答應交往了？決定要守護娜娜了？第二天，娜娜一回來，就被我們連環轟炸：「你們發生什麼了？」「終於收服王子的心了？」……她很羞赧的說：昨晚我們在草坪上看了一夜的星星。他吻了我……「哇喔哇喔，走遍千山萬水，終於知道你最好了。」「太好了……單戀終於要結束了，你倆終於修成正果。」

「我們結束了。」娜娜說這句話的時候好平靜。一下子，安靜得可以聽到針掉到地上的聲音。

「我的初戀，它結束了。」

他也太壞了吧！你喜歡他七年啊！爲了他等了七年！不喜歡直說就好了，還搶走你的初吻！太過分了吧。「明知道不會有結果，就不如不開始。他是我的初戀，喜歡過就好，也謝謝他，沒有在一起，也沒有拋棄我。」

花了七年認眞的喜歡一個人，有甜有酸有苦也有樂，像娜娜這樣認眞的初戀過，也算是青春無敵的記憶了吧。

初戀的味道，嘗過就好

愛情是兩個人的事，喜歡卻是一個人的事，喜歡一個人可以與他無關。

她的喜歡是那麼的執著，單純的只是想陪在他身邊，當他的朋友，希望他快樂。從第一次對他小鹿亂撞的情懷，到追逐著他的腳步走近他的身旁，他所有的好與壞都是她內心的一本書，關於初戀的喜歡，是寫滿酸甜苦辣喜怒哀樂的一本書。

這些年，她從未對他奢求過什麼，也沒有一定要去得到什麼，只是靜靜的待在他身邊，那麼純眞、簡單的一份喜歡，似乎被時間釘在日曆上，形成了一種習慣。他的好，我們外人都是看不見的，但在娜娜眼裡，那個人卻是完美無瑕。

我佩服她的勇氣，喜歡她喜歡一個人的態度，也驚訝於她的執著，更欣賞她最後被告知死會後的灑脫。男生直到離開學校之前，都沒有明確拒絕過她，這樣蹉跎了七年，娜娜卻從未說過他半句不好。眞正的喜歡一個人就是如此吧，只要他好，一切都好。我喜歡著你，我就滿滿的幸福。這種初戀的味道，也是沁人心脾。

後來，證明娜娜說的是對的，還好他們沒有在一起。她在遙遙遠望著他的時候，也有一個男生遙遙遠望著她呢。她一直盯著他七年，不曾想後面也有一雙眼睛，一直追隨著她的動向。

她現在被捧在手心裡，幸福得每天笑得像三月裡的花，是眞的有錢花，又美得像花。

初戀的味道，喜歡過就好，留給青春，留給記憶。一旦離開，不糾結不留戀。未來的愛情，美好可期。

15°

找一個有趣的人，陪你過餘生

你有想像過要與一個什麼樣的人走完一生嗎？那會是溫暖貼心的？陽光幽默的？經濟條件好也願意付出的？

不是挑剔，只是想找個好玩的人一起玩一輩子

高中與我玩得要好的男同學，在周邊所有人都步入婚姻殿堂之後，還孑然一身。他個子不足一百七，但長相卻是帥氣的。名牌大學研究生畢業，還有後台很硬的父母。這一切的外在條件，似乎都預示著，他早該被某個良家女孩納爲私有。但事實是，每次問他，他總是單身，並且也沒什麼戀愛經驗。我除了吃驚，還是吃驚。

正常的三十幾歲的男子，沒有早爲人夫，也至少該踏破紅塵，愛過轟轟烈烈。對此他說：大學跟研究生那會，光顧著打遊戲了！忙得忘了談戀愛。

我想起他高中的時候，那吊兒郎當調皮小孩的樣子，除了聰明就是單純得只剩下頑皮了。那個時候的大孩子，現在也依然還沒長大，還像個愛玩的孩子。他是眞的只是喜歡玩，踢足球、打遊戲、爬山……而不是喝酒、跑吧、玩女人。

我問他，你到底要找什麼樣的啊？拖這麼久。是要天仙下凡嗎？還是等你再老一點，找個會叫你「大叔」的小妹妹？他很認眞的回我：也不是啊……我也沒有特別挑剔，我就想找個有趣的人吧，這輩子不長但也不短啊，至少是個好玩的人，能陪你玩一輩子吧？不然，這生活得多無聊啊。

他說的話，過了好久，還是會迴盪在我耳邊。找一個有趣的人過餘生。那該是什麼樣子？那該多有趣？我們外表總是光鮮亮麗，而誰又能看到裡面的千瘡百孔？家家都有自己難念的那本經……找一個陪你把這本經念得最順的那個人，是不是一定是個有趣的人？

十八、九歲的時候，我們總是天眞爛漫的以爲，在一起時只要開心，就可以天長地久。可是，走入社會之後才發現，原來柴米油鹽醬醋茶會打翻所有的美好。於是我們也沉沒在世俗之中。

如何才能不被生活所泯滅，保有最原始快樂過日子呢？我無法想像。讀過最好的愛情，莫過於楊絳與錢鍾書。一個才子一個才女，對文學都有很深的造詣。說實話，我高中第一次讀錢鍾書《圍城》的時候，以爲他是個特別厭惡婚姻的人，或者根本不需要婚姻。十幾年後，才讀到他們夫妻的愛情故事，以及相濡以沫的生活，簡直是大開眼界。原來，書裡的作者的觀點，未必就是眞實的世界。

楊絳先生在晚年的《我們仨》中，記錄了她與錢鍾書先生一生的故事。兩個人相親相愛相扶持，走過戰爭、走過文化大革命、走過大半生的歲月。沒有轟轟烈烈，卻眞眞實實。一起寫作，互相尊敬、仰慕，學習、進步。錢鍾書先生活到八十八歲，楊絳先生活到一百零五歲，彼此至終都是對方的摯愛。這樣的生活，卽使沒有大富大貴，也是幸福美滿的吧。

淒美的愛情故事多了去了，紅顏薄命或者才子命短，充滿挫折與坎坷居多。這樣平淡生活，還能夠流芳百世的愛情，卻是頭一遭。錢鍾書對於楊絳來說，是個有趣的人嗎？

那個有趣的人會是什麼樣子？

李銀河說：在這個世界上，除了了無生趣的人之外，每一個人都隱隱地有這樣一個強烈的渴望，就是希望能夠遇上愛情，能夠陷入愛情。然而那個有趣的人，到底該是什麼樣子？至少，兩人該有一些共同生活樂趣吧。或許一起挑燈寫作時，彼此爲對方的文字尋找更好的修飾；或許可以一把吉他一架鋼琴合奏一首曲；或許是一個煮得一手好菜，另一個是張大嘴巴的吃貨；或者是，一個喜歡安靜的聆聽，另一個卻喜歡嘰嘰喳喳講不停；又或者，兩個人都喜歡在健身房裡撒出汗才痛快淋漓；或者，兩人都喜歡去世界各地看看，喜歡逸聞趣事，喜歡新的各種挑戰。

我似乎能看到這樣的畫面：兩個大孩子在陽光沙灘上戲水；在冰天雪地裡互擲雪球；在葉落滿地的秋夜裡數著落在地上的葉子；在一片寬闊的草地上種上玫瑰，看誰的花會先盛開？你一言我一語，嘰哩呱啦講不停，那得多熱鬧？

我很認同一種說法：最好的感情是隨意卻又彼此在意，是愜意卻又彼此珍惜。

我也相信，感情裡需要的，不過只是點到爲止的喜歡，和舒舒服服的陪伴。因此就算看到愛人滿身缺點，依然堅定不移地想與之過上一生。往往就在某個最日常的一刻猛然發現：有你在眞好。

慕容素衣在《一輩子很長，要和有趣的人在一起》裡寫道：

有趣的人大抵都聰明、樂觀、幽默、感性，並且內心溫柔。和有趣的人在一起，永遠也不會倦怠。他不斷地給你帶來新的收穫和驚喜，與此同時，自己也不斷變得豐富，變得美好有趣起來。一個有趣的人，不一定具備深厚的學識，但內心必然豐富；不一定走過很多的路，但他的生命中必然一直有故事在發生。

在這個世界裡，永遠不缺少各式各樣的人，唯獨有趣最稀罕，最難遇到。

找個有趣的人陪你玩餘生，不容易卻並非不可能

記得看過主持人問資深演員王志文，爲什麼這麼多年都不結婚？是不是條件太高？王志文說：也不是，就想找個可以隨時說說話的人。假如你半夜醒了，突然想到什麼事想跟她聊聊，她回你：半夜三更不睡覺，有病。那多掃興。

那個隨時可以說說話的人，得有多難找啊。要有相同的人生價值觀，還得有相同興趣愛好，還能常常保持在同一頻率上。看似簡單的條件，卻是如此不易。所以，王志文已過半百，還是單身。找個有趣的人陪你玩餘生，容易嗎？

很開心的是，有一天，高中同學發了請帖給我。新娘看上去，既漂亮可愛，又精靈古怪。我說：祝福你，找到了那個有趣的人，可以陪你玩一輩子了，老玩童。他說：對，兩個老玩童。

或許，真的會有那個有趣的人，沒有遇見，只是緣分未到。有趣的緣分來了，你的餘生自然會有趣。

有趣的人多半樂觀豁達，因此更容易明白：一加一不僅等於一段婚姻，更等於一輩子的幸福生活。

和有趣的人結婚，成就了一輩子的樂趣。

喜歡是乍見之歡，愛是久處不厭。網路上流行一句話：「一屋兩人，三餐四季。」兩個人一起將柴米油鹽醬醋茶的日常生活過得詩情畫意，就呼應了梁靜茹的歌詞：「其實愛對了人，情人節每天都過。」

與趣味相投的人一起，才是有趣的人生

一輩子很長，要和有趣的人在一起；一輩子很長，要和懂你的人在一起；一輩子很長，要和那個能讓你開心的人在一起。生命是一個人或長或短的一段過程，要參與進來的人，能參與進來的人，是可以選擇的，那就都請進自己喜歡的人。

一輩子不長，不爲難別人，不將就自己。最有意義的生活，不是虛度光陰，不是車馬平生，是始終和有趣的他一起浪費人生，把人生的每一天都浪費得毫不可惜。和他在一起從來不擔心會沒有話說，他有好多技能，甚至連無聊的學術問題，從他嘴裡說出來就變得有趣又通俗易懂。是啊，和有趣的人在一起，生活都會變得熱氣騰騰。

就像那段〈往後餘生〉的歌詞：青梅竹馬，不是你；情竇初開，不是你。只願：細水長

流，是你；繁華落盡，是你；兩鬢斑白，是你；往後餘生，都是你。與趣味相投的人一起，才是有趣的人生。

16° 曾經對你說「非你不娶」的男生，要結婚了

愛情，從來都沒有將就。

那天早上老弟發訊息來說，鐘哥要結婚了。我當下第一反應是：是不是看錯了？於是老弟又發了他們結婚的電子邀請函給我，說是鍾同學專門打給他，讓他去喝喜酒。但是，他有跟我弟特別提了一下：就不用告訴你姐了。那一刻我的內心是：哈哈哈哈哈，很多的笑聲。既覺得這位老同學要結婚了這件事很好笑，又覺得：嗯，這個大齡男青年不婚的鍋，我終於不用背了。

很多偶像劇的女主角，都是一邊不停的交著高富帥男友，身邊又永遠都有一個體貼暖男男配角在照顧她、陪伴她、等待她。等女主角與男主角結婚，幸福的生活在一起了，男配角也就可以黯然「退下」，屆時整齣劇也就劇終了。

這種永遠給自己留一個退路的女生，好像理所當然。記得有一本書裡說過，往往是他們在她身邊的時候，她完全看不到他的好。但等他離開了、真的與別人在一起了，她才失落的發現，那個人對自己原來很重要。也有一些是純粹心理上的依賴，還有一些是莫名的驕傲感，讓她不願意相信他們會離開。

還好，他從來就不是我人生的男配角，我並不需要爲此負責，或者擔心什麼。

發生在自己身上卻毫無感覺的浪漫故事

與鍾同學第一次見面，是在大學的軍訓課上。那年，我還未滿十八歲，他大我兩歲，是我的同班同學，也是當地人。我一個北方人，初來南方城市，完全吃不慣南方的食物，來的第一個月就瘦了好幾公斤。軍訓完的十一假期，他自告奮勇當起了我的嚮導，帶我遊覽整個城市，幫我拍了很多照片。

一個男生帶著相機，幫一個女生拍了一整捲的照片，那時的我怎麼從來就沒有想過他其實是喜歡我呢？他還第一次帶我去吃包子店，見證一個瘦弱的女生一餐可以吃五個大包子的大胃王事蹟。開學後，他鼓吹班上很多男生跟他一起理了光頭，原因是他表白喜歡我，而我拒絕了他，他說他要出家當和尚。

我一直都以爲他是在開玩笑。一直到很多年後，對於他說他喜歡我這件事，我都沒有辦法相信。就是會有一種感情，對方明明掏心掏肺把自己的整顆心都敞開了給你，但你卻能視而不見，內心沒有一絲的波瀾。後來幾年，很少在課堂上看到他。期末考遇到他，他還會叫我給他看答案。

他曾經對我說：你就像出淤泥而不染的荷花，而他就是荷花下的蝌蚪，只能抬頭遙望，卻看不到你。那應該是我長這麼大聽過的最有意境的一句情話了。那句話打動了我，但是，他這個人沒有。

再遇見，是畢業後了。我的軟體公司與他的會計事務所，就開在一條馬路的對面。我那時才知道，原來我們在學校上課的時候，他已經在外面嘗試做各種小生意了。我們大學畢業要考的從業執照，都是他的事務所承攬的業務。而當年要抄我的答案的他，早已拿下各種執照。會計事務所、稅務事務所，他做得風生水起，接了很多政府稅務審核的案子。

後來，他再見我，知道我回到單身了，他就開始常常發訊息給我，說自己在做什麼，最近做了什麼事情。我很少回他，他偶爾會自言自語地說：眞的很愛你。我只感到很納悶，這到底是種什麼樣的愛？偶爾他也會動情的說：房子都買好了，就缺個女主人，等你來裝修。後來因爲業務的關係，我弟跟他有了來往，他就跟我弟說，你跟你爸說，讓你姐考慮一下我。因此我爸爸有段時間眞的常跟我說：你是會老的，你以後還是會需要人照顧，你那同學不錯，要不要考慮看看？我也直接回他們：我是眞的對他一點都不來電啊。

有一次，他心血來潮對我說：此生非你不娶。我聽了十分傻眼，卻又擔心自己是否太無情耽誤了他？於是跟他說了好多大道理。我們之間連見面吃飯的次數都屈指可數，在我看來，他眞的就只是普通朋友。他從未買過一束花給我，從未送過一份禮物，也未曾正式的邀約過一餐飯，一部電影。這些在世俗人眼中的約會，他從未給過我。而我，也只是一個俗人啊。他每次口口聲聲的說，這輩子只喜歡我一個，我會永遠在他心底，這個標準是什麼？男人與女人的感情判斷標準不同？還是，只是他眞的是一個傻呼呼的直男罷了？

最後一次聊天是半年前，他突然來一句：你當年爲何不嫁給我？我一如往常對他說：你趕緊結婚生子吧，你應該找一個賢惠的女人一起組建家庭，我們眞的不適合。我完全不想進入一個家庭，我沒有辦法當家裡的賢妻良母，那個角色不適合我。

我們都是普通人，而他作爲普通的男人，需要事業成功，需要結婚生子，有女人照顧家庭，需要融入世俗的生活。我則更嚮往屬於自己的人生自由。我只想用我自己的方式，快樂的更多的看看這個世界。我們都普通的生活在自己的世界裡，只是在不同世界罷了。像一個二次元世界，各自在自己的平面，屬於不同的頻道。

就像他覺得他喜歡我，我像是他永遠摘不到的蓮花。但我從來沒有一絲體會到他的喜歡啊，除了那一句話。我也一直淸楚的拒絕，從未與他曖昧，也不曾給過他任何未來的幻想。

故事最好的結局

人與人的相遇需要緣分，喜歡更需要很多的緣分，愛情可能就眞的是上輩子遇到過欠下的吧。感情對於我來說，就是一種感覺。這種感覺來的時候，是可以轟轟烈烈，飛蛾撲火的。沒有這種感覺，那眞的就是平淡如水，再大的石頭也打不起什麼水花。

有一本書裡說：愛情是一種本能，要嘛生下來就會，要嘛一生都不會。很多人說，隨著年歲漸長，早已過了風花雪月的階段，柴米油鹽醬醋茶才是生活的本質。可是，我完全沒有要爲了一個晚年的陪伴、保障，而犧牲自己想要的自由快樂的想法。有時候妥協是爲了生活，但有時候註定不會幸福的，一定會慶幸當初的不妥協。

十八歲時對你說喜歡你、非你不娶的男生，終於塵埃落定，此生與你無關了。時間總是飛逝，很多年就這麼默默的逝去了。他是大學同學裡最後一個結婚的人，曾經他的夢想是我，而我的夢想是全世界。對於他對我表達的那種愛情的純眞，在我這裡依然像是空氣，沒有辦法觸摸也無法聞到任何的味道，更無法體會。

還是要感謝曾經有這麼一個人，用自己的方式默默喜歡了這麼多年。它是一個幻象，也是故事裡的事，更是愛情裡虛無的傳說。一個青春歲月的最後完結篇，ending了。年少輕狂的歲月裡，有關於喜歡的故事終於畫上了句點，再也沒有以後了。

很開心，他終於很踏實的走上了自己該走的路，那是他的幸福、他的人生，也會是他的歸宿。我們都踏上了人生的另一段旅途。或許年少時，我們都曾經期待有一個高富帥白馬王子出現在自己身邊，給予最溫暖、溫柔、完美的呵護。但生活的眞相告訴我們，愛情不是生活的唯一，它也沒有必然的結果，即使再多的喜歡、傷心，不是在同一個頻率上的對象，你就永遠無法感同身受。你會在你的生活裡浮沉，而我會在我的世界裡潮起潮落。不將就愛情，不將就彼此，每個人都走向自己想要的生活，這就是故事最好的結局了。

17°

一旦轉身，此生各自天涯

人生海海，起落浮沉變幻不定，人們相遇又分離，一旦轉身，此生各自天涯，友情如此，愛情亦如此。

我們都會錯估不愛的衝擊

小p失戀一段時間了，剛開始，他一面喝酒一面嚷嚷著說，她怎麼這麼容易變心，愛上了另外一個人。談了三年的感情，曾經兩個人也是郎情妾意、風花雪月地相愛著，一朝卻被對方單方面分手，他始終無法釋懷，遲遲走不出來。雖然兩個人說好以後還是可以做朋友，是彼此的家人，但是，他們都知道，一切都不一樣了。

很長一段時間，他都還站在原地。雖已不會像剛分手時那樣悲愴苦痛，卻還是停留在那段關係裡，緬懷著逝去的愛情。

我們都錯估了愛的力量，也會錯估不愛的衝擊。生活在一起的兩人，相愛相殺相擁相恨的日子，就像矛與盾，每天乒乒乓乓、劈哩啪啦，拉扯出來的聲音，透過時間的漏紙，還能譜出一首曲來。兩個人身體的碰撞，心靈的共振，感情的糾纏，喜怒哀樂、生活中柴米油鹽的瑣碎和點滴的幸福與關懷，都是滲透在彼此的每一寸靈魂裡的。

相愛的日子，總是美好的。一起決定每一餐，一起討論每一個明天，一起暢想著每一個週末，一起策畫著每一次的旅行。那種親密關係，就像兩張紙黏在一起，並且隨著時間的流動愈發厚重，最終寫成一本只有兩個人能讀懂的書。兩個人在一起相愛的日子，有時會開懷大笑，有時會生氣吵架，也會有嬉笑吵鬧、相擁相泣的時刻，兩個人在這世間情緒交融，相互溫暖著。你所有的情緒，都在對方身上得到了驗證，對面的那個人就是你的照妖鏡，在他面前，所有的一切都會在漫長歲月的相處裡無所遁形。

兩人的伊甸園也會有崩塌的一天

愛得死去活來的時候，我們從未想過有一天會分離，哪怕分開都是暫時的，還以爲人生會像連體嬰，互相陪伴很長很長的人生路。直到有一天，關係陷入了僵局，有一個人先轉身離去了。先離開的人，是痛苦但輕鬆、釋懷的。而留在原地打轉的人，通常更加痛苦萬分，很難一下子接受現實。他不是不能走，他只是捨不得走。捨不得離開那個屬於兩個人的烏托邦，捨不得關於愛情記憶裡的一切。

都說新的戀情可以讓人忘記失戀的痛苦，時間是最好的良藥。可是，就是有人那麼固執，始終不願意踏出兩個人的伊甸園，雖然那個背影早已經離開，只剩他一個人細數著過去的美好回憶。因爲他知道，只要他踏出了這個伊甸園的大門，那裡面滿滿的幸福與回憶，所有的美好，都不再與他、他們相關了，一切就從現實到意識層面，都眞正的結束了。卽使分手後眞的能成爲好朋友、成爲家人，但所有的關係重新組合過之後，伊甸園中的景色還是會面目全非。換了樣子，逝去的美好，永遠被封藏，或焚燒殆盡。

一旦轉身，過往再多的美好，都會隨著時間一點點塌陷，變得面目全非。不再有心靈的悸動，更不會再有溫暖的幸福感和歸屬感，也或許不再會有愛，更不會有恨。

當傷痛癒合，平和來臨，就像從大氣層回到平地，再也不會缺氧或二氧化碳過高，但兩個人之間愛恨情仇的心電感應，也「滴」地一聲，從起起伏伏的心電圖走成了一條直線。那一刻，一旦轉身，彼此就會各自天涯。

停留在原地的人，並不是不懂，他只是想多留一下，多緬懷一下他愛過的那段記憶。他堅守陣地，是滿足了自己內心對於愛的需求與留戀，也給那個伊甸園填上了最後一筆完整的色彩。畢竟，沒有悲傷，又如何能證明這段愛也會刻骨銘心過呢？

能眞心眞意、全心全意的付出，去愛一個人，是極度幸福的。一段感情，有時候與另一個人的回饋並沒有太直接的關係，他只是圓滿了自己，也成全了愛。他只是捨不得自己用心澆灌、建造的伊甸園這麼快陷入荒蕪，就像小王子用心澆灌的玫瑰，送給誰也許不那麼重要，他愛的是玫瑰本身。

我們都不會再回到最初

對，分手是一個人的事，與另一個人無關。情侶關係不牽涉法律的文書，因此我們常說分手不需要「商量」，只要「通知」就夠了。可是，感情不是一句分手就能割捨的。離開的人之所以大步流星，是因爲她知道對面的人還會站在原地，還會在乎她，她暫時沒有那麼快失去什麼。而她也已決心拋卻前塵，開始一段新的旅程，過往的一切都在內心翻篇，不會戀戀不捨。直到看到對面的人也走出來，離開了兩人共築的伊甸園，或許直到這時，她才會在腦中重播過去相愛的美好回憶，驀然意識到，曾經能相處的日子，是多麼的珍貴與值得，但永遠都回不去了。

一段結束的愛情，不管當初說了多少海誓山盟，終將隨著時間不了了之，最終記憶也將被灰塵埋葬。兩個曾經連體嬰一樣生命相依的人，終將走向不同的人生方向，經歷不同的人生軌道，騎上不同的馬，奔向不同的遠方。不管曾經以爲多麼離不開，不論曾經多麼眞摯地承諾一輩子陪伴，那些感情和承諾在當下並非虛情假意，只是像琥珀，美麗但失去了生命力，永遠封藏在了時光中。終究，兩個人還是會成爲久久不見、疏於問候的，曾經熟悉過的陌生人。

我們都不會再回到最初，也不會眞的能夠相伴度過此生。過去每天對彼此的問候，會被時間風化，早晚安都不會再出現在彼此的Line裡。不論曾經多麼深愛的關係，一旦說了再見，都會變成只能偶爾從網路上看到的存在。甚至會直接被某一方拉黑，永遠也不會再見，只能在共同朋友的嘴裡聽說對方結婚了、生子了……

如果曾經眞心相愛過，就盡量不要因爲一些小事就說絕情的話，做絕情的事吧。能好好相愛相處相恨相殺，就不要輕易分開，因爲，能糾纏不清的都是密不可分的。不要走著走著就散了，最終只能成爲彼此人生的過客。

人生海海，一旦轉身，此生，終將，各自天涯。

18°
愛情不是只有一種樣子——媽媽的愛情

愛，不是天生就有的能力，它是需要學習與練習才能習得的技能。

爭吵是家常便飯的婚姻生活

我開始懂得父母的相處模式，開始懂得媽媽的愛情，是最近的事。媽媽的愛情很卑微，可惜她從無自覺，所以她在這段關係裡強勢了很多年，多年以來不曾改變，甚至變本加厲。

上週五打電話回家，媽媽說爸爸「離家出走」了。爸爸去年退休，該是好好安享晚年的時候，可是他卻跑去朋友待的城市，幫朋友打理生意。媽媽一開口就開始抱怨，說他怎樣又怎樣……從我出生以來，我不記得媽媽曾誇過爸爸，講來講去都是爸爸的女人緣有多好，和別的女人有什麼互動。

換作十年前的我，聽到她講那些話，肯定會替爸爸打抱不平。我們母女的交流模式就是，媽媽很容易把我當成「垃圾桶」，而我從來都拒絕那些「負面」且「不可思議」的話語，於是交流最後都會變成我們倆的爭吵。她總是說，養個女兒白養了，從來不跟媽媽一條心。但在我看來，她那些家長裡短的八卦與事情，聽了只會髒我耳朵。我從來都沒有學會背後一套人前一套，也沒有辦法學會「心機」這件事。

她的抱怨還維持在過去三十年的那些陳穀子爛芝麻舊事，一講就是兩個小時。過去的我是避之而不及的，但我那天卻選擇了與她對談。我知道，或許她只是想抱怨，當我是情緒的垃圾桶。但是很抱歉，我眞的不適合做別人的垃圾桶。能解決的問題才說，不能解決的要不然放棄、要不然閉嘴，這一貫是我的處世哲學。

媽媽的脾氣很不好，他們夫妻倆的生活是天天小吵，三天一大吵。這些年來他們都是如此，完全沒有辦法像平常人一樣溝通。在我讀大學以前，我的人生理想是想看到他們離婚，我多麼害怕出現在他們的生活中。媽媽脾氣暴躁、強勢，什麼事都要自己說了算，一言不合就胡攪蠻纏；爸爸個性則溫和卻懦弱，經常被媽媽罵得狗血淋頭，高中時他總會對著我哭。因爲我從小跟著爸爸長大的緣故，爸爸給予的愛與關懷，讓我總是傾向於「同情」他，而把所有的怨恨都怪在媽媽身上。

一見鍾情之後一點也不美麗的錯誤愛情

一直到這些年，我懂了愛，才理解，原來他們的愛情，從一開始就是個錯誤。爸爸出身知識分子家庭，媽媽家過去是所謂的無產階級，他們十六歲相親時一見鍾情。本來爺爺奶奶寄望於媽媽能考上大學，偏偏那年停了高考。沒有讀大學、家世也不好的媽媽因此被退婚。而因爲第一眼的愛情，也爲了爭一口氣，媽媽硬是自己嫁去了爸爸家。那麼些年來，他們從未對等過。爸爸在外地工作，很少回家，即使已婚，也過得逍遙自在，讓媽媽一個人持家。弟弟出生後，我去跟爸爸生活，而媽媽一個人照顧弟妹，還要養家。

媽媽的愛情，從來都沒有得到回應。他們的個性相差太遠，媽媽愛幻想，總是把這個世界想得太複雜又很黑暗；爸爸實際，個性簡單，認眞而樂觀。媽媽的個性火爆，或許是因爲年輕時的溫柔善良沒有人來呵護，只能靠著強勢的言語來保護自己，卻也因此情緒越來越不穩定，讓自己辛苦，也讓周邊的人痛苦。爸爸個性溫和，從來不會說髒話，可是有時有些懦弱，也只會踏實做事而沒有想像力。他們從來沒有辦法好好溝通。

媽媽想像中的男子漢，或許是更有氣魄的男人，而爸爸想像中的賢妻良母，則是多點溫順善良。可是，他們都愛他們的孩子。爸爸說，如果不是爲了你們，我早就離婚過自己的生活了。媽媽卻說，她這輩子都要做爸爸的女人，絕對不會離婚，她是不會成全他的。她和爸爸的爭吵，言辭的犀利，只不過是她內心脆弱的一道保護牆。她的愛情卑微到塵埃裡，只能化作火藥來對對方開炮，想藉此得到愛與關注。

吵吵鬧鬧的大半輩子

結果，他們從未認眞思考過自己的生活狀態，吵吵鬧鬧就這樣過了半輩子。這種吵架模式已經成了他們習慣的溝通方式，不可或缺。媽媽這輩子的情緒控管能力，大概都不會太好了。她被爸爸「養」成了「不聽話」的孩子，再也沒有辦法長大。永遠都是一觸卽發，不管面對的是誰。

我對媽媽說：你知道嗎？你這脾氣，也就爸爸能容忍你大半輩子，你運氣多好才遇到這樣的男人？你就不能對他好一點啊？現在好了，沒人跟你吵了，你生活開始無聊了吧。媽媽還在講爸爸年輕時的風流韻事，我就問她：那是三十幾年前的事了，你還牢牢記得那麼清楚。如果你在乎，你當下就該把他休了。如果你選擇了原諒，你就應該遺忘，忘掉過去所有的不快樂。你要照顧好自己的生活，不要把重心都放在他身上。

媽媽還說，過去那麼多年，不曾讓爸爸做過家務，退休後在家煮了一年飯，就不開心了。爸爸被她慣壞了。其實，他們兩個人都把對方都給慣壞了。一個慣成了不會做家事、不顧家的男人，一個慣成了一點就著火的壞脾氣。

媽媽說他倆要離婚，說的時候神情有一點落寞。我知道她希望我給她安慰，希望我告訴她，我會勸爸爸的。可是我說：那是你們倆感情的事，我沒辦法插手。你們從我國中開始，就把你們兩個人的感情問題丟在孩子們身上，總希望我們站在你們誰那邊。這麼些年來，你們從未改變。孩子們心裡因此都有創傷，你們有想過嗎？我們只希望你們平安、健康，你們要怎麼過，你們自己選擇、處理。有些事可以管，有些事想管也管不了。

媽媽的愛情，從來都沒有長大。女人的無理取鬧，往往都是男人給的安全感不夠、給的呵護不夠。而爸爸卻是不懂甜言蜜語呵護女人的男人。

過了兩天，爸爸打給我，跟我講自己最近的生活。他說：你媽媽天天跟我吵，我出來生活好清靜好簡單，很快樂呀。你媽媽只要我不在，或許就好了。我說：你錯了。你不在，她會變本加厲，受傷的可能是你兒媳孫子。你不在，沒人吵，她更無聊。

爸爸說：我在家，做什麼事都不對，炒個菜也要被罵，好像是無用的男人，眞的很傷自尊。我說：自己的老婆還不是你慣的臭脾氣，你又不是不知道她就是刀子嘴豆腐心，也就他覺得你世界最帥，所有女人都愛。我也曾經對爸爸說：你年輕時不顧家人，自己在外工作生活，不管老婆孩子，現在退休了，總該好好照顧家人吧？爸爸後來說：那我玩幾天就回去。

在愛情裡，如果有一方太熱烈，另一方太冷淡，總會失調的。卑微的愛情，離幸福無比遙遠。媽媽就像是感性的、情緒的、混亂的一方，爸爸就是理性的、樂觀的、簡單的一方。

孩子學會切割，父母學會磨合，我們都有自己的幸福

爸爸曾對我說：自己的人生自己負責，自己過好自己的生活，對自己問心無愧就好。是的，每個人第一要愛自己，過好自己的人生，才能愛家人，愛別人吧。當我從他們的關係裡走出來，我修復了自己的童年，也修復了自己與媽媽的關係。更能「客觀」的看待他們的生活。媽媽的愛情，大概會一直像個無理取鬧的孩子，長不大了。而吵架就是他們的溝通方式，沒有爭吵的生活還會了無生趣了，那就是他們生活的一部分了啊。

而我們，除了學習愛，還要學習「人生分割」，切割自己與原生家庭的生活。這樣，我們才能成長、擁有獨立的人格，擁有「媽媽的愛情」以外的愛情。作爲子女，即使經歷過再悲憤的童年，我們都應該要有「切割」原生家庭的勇氣，更要有讓自己的幸福的能力。

現在，看著爸爸有自己打太極運動的朋友，媽媽開始信基督教，每週兩天跟姐妹們一起讀聖經學習。爸爸負責煮飯、接送孫子孫女，媽媽負責帶孫子，分工合作，他們還常常跟朋友

們一起出去旅行，就這樣走到了紅寶石婚。看到他們現在還會手牽手拍照，我內心有很多的感慨。早知道他們老了會這麼要好，我小的時候何必爲他們傷那麼多的心呢？

沒有一輩子不吵架的婚姻，也沒有完美無瑕的愛情。幸福不是一個詞，也不是一段時間，而是磕磕碰碰走完大半生，那個人還牽著你的手，與你相伴到老。

孩子們也不必爲了父母爭吵的愛情，勞神勞力，他們自然有他們處事的態度與方法，他們會爲自己的人生負責，完全不需要孩子們操心。長大的很久很久之後，才發現，媽媽吵吵鬧鬧的愛情，也是他們的幸福，那是他們互相攙扶陪伴、一同成長、磨合了一生，才習得的愛情啊。

CHAPTER 4

——NOT TO DO

所有能超越時間的事物，就該堅守；

所有會被時間帶走的，該翻篇就翻篇。

19° 我們與惡／二的距離

我在臉書推送的某個廣告中看了《我們與惡的距離》的一小段：大芝對賈靜雯飾演的記者喊：對，我哥殺了人，你們殺的人有比我哥少嗎?!光是那一幕，就足以讓我淚流滿面。本來是沒有勇氣看的，但當金鐘獎播完，看到《我們與惡的距離》包攬那麼多獎項，再加上朋友的大力推薦，所以我點開了劇集。一開始看就停不下來，同樣停不下來的，還有眼淚與丟不完的衛生紙。太虐心了，卻又極度的寫實。

沒有純然的好人，也沒有絕對的壞人

殺人犯的臉上有標示著他要「殺人」嗎？他的父母、親人從小就教他如何「殺人」嗎？沒有。壞人的臉上，並不會寫著「壞人」。很多自以爲是的好人，或者是能對某部分人好的人，可能也會做傷害某部分人的事。

如何分辨好人壞人？小的時候，我們的世界都是黑白的，非黑卽白。我們以爲世界上除了好人就是壞人。後來才知道，眞正大奸大惡的人並不多，多的是白目、自私的人。而實際上，進入社會，看過人間百態才會知道，這個世界沒有純然的好人，也沒有太多絕對的壞人。我們本來就不應該只用黑白去分辨這個世界，不該把壞人描述得十惡不赦，把好人捧得天花亂墜。

初出生的時候，生而爲人，都是平等的。如果說眞的有區別的話，那就是在孩子成長過程中，有沒有得到足夠的愛，有沒有習得一種「同理心」，讓他們能感同身受體諒別人的「善良」，以及養成對是非善惡有所堅持的「良知」。

「同理心」、「良知」、「善良」的多寡，就是長大成人後大家看待這個世界的方式的唯一區別。童年對人格的養成很重要，但是，童年的終結並不代表人格養成的終點，因爲我們還是可以自癒、可以繼續成長。有些人用一年，有些人花了十年，有些人用了一生，而有些人從來都沒有走出內心那個匱乏的自我，就此走向了終結。

《我們與惡的距離》劇中的律師，因爲悲傷的童年，讓他立下一生的志業，要了解犯罪心理結構，避免憾事再發生。這樣的工作背負了很多的罵名，卻也是治療這個社會根本的必要途徑。

不是惡，只是有點「二」

我們總是知道的太少，自以爲是的太多。眞正去動刀槍傷害人的人還是少數；可是每天用言語去攻擊別人，隨心所欲的去「傷害」別人的人太多了，隨處可見，到處都是，就像怎麼丟都丟不完的垃圾一樣多。而這些人，很多都是平日看上去和顏悅色、慈眉善目的「好人」。

幾年前，我與一群臺灣年輕朋友一起去非洲，本是觀賞動物大遷徙的快樂之旅，旅途中卻發生了讓我痛哭難過的事。

同行的有三十幾人，我與不認識的幾個人被安排在同一車，車上有兩位男士、四位女士，我與他們都是第一次見面。其中有一位已婚的女性A，一頭黑色長髮披肩，面容姣好，身材微胖，笑聲很是宏亮。剛開始自我介紹的時候，大家嘻嘻哈哈的，聽著A大聲爽朗的講述著自己與身爲健身教練老公的愛情，全車的人都很喜歡她，覺得她大方開朗又有趣。她常開很葷的黃色笑話，還會唱rap〈辣臺妹〉，整個團的男生都覺得她很幽默，都喜歡找她聊天。

直到第二天，大家得知同車有一位長得乾淨帥氣的男生未婚，她開始開口閉口就調侃他說：你這麼難搞，去娶個大陸妹好了！大陸的女生都很XX，潑辣又刁蠻，能打婆婆還能XX……我聽到她在那裡夾雜大量三字經、不斷的侃侃而談，好像自己很了解大陸所有的女人一樣，把她們說得一無是處，貶低到塵埃裡。這樣的辱罵，似乎是把自己與她們做了一個區隔，想讓自己顯得高大上？我不知道她在哪裡積累如此多的「怨恨」，要把對岸的女人統統罵得那麼難聽。我向來自以爲是和善的人，通常都會盡量避免與人起衝突，但等她講完，我還是回了一句：哪裡都有好的、也有不那麼好的人，不可能一概而論。

過了三天之後，因爲某件我並不知情的小事，她毫不客氣的用極狠毒的語言「詛咒」了我。在這之前，我們並不相識，也沒有任何恩怨。我被她罵得難受、傷心流淚，後來換了車。整趟旅程我都很失落，直到她離開爲止。

她是壞人嗎？我想也算不上。我們沒有其他的交集，她可能不知道在哪裡道聽塗說聽來一個故事，便大加渲染。她充其量只是愛八婆、會講閒話、淺薄的一個路人甲。

我想，這種人說的話、做的事，或許並不是出於惡意，而只是很「二」（在俗語中，說一個人很「二」是形容一個人分不清場合、說話不經大腦、做事不想後果的意思）。在他們的世界裡，他們可能覺得自己是公正、樂於助人的人，可是他們知道的就是事實嗎？他們看到的就是眞相嗎？他們可能從未多加思考或在乎。不幸的是，這些人或許就是這個世界上的中產階級、中流砥柱中的大多數。他們口中的「正義」是二維平面的，甚少經過大腦思考，或許只是隨口而出誇誇其談，只把這個世界分成黑白兩色，簡單而粗暴。

多一點思考與同理，少用主觀意識隨意評判

人心叵測，最難看懂的是人心。而心與心之間的差別，便是「私心」多一點，還是「同理心」多一點。對錯也許難以輕易判定，但至少要有認眞的去替別人思考的「同理心」。如果看到不同於自己觀點的問題，能幫忙就幫忙解決；不能幫忙，也無法理解那些行爲，最理智的做法是閉嘴。沒有同理心，說再多的話、講再多的道理，都沒有意義。不要生活得太二，講話前先思考一下旁人的感受；也不要只活在二維世界，把所有事情分成黑白兩色。這個世界看得到的有三維，看不見的更是多維的！

有些時候，我們與惡／二的距離，眞的很近！每個人都有自己的故事，自己的因果，不要用自己的主觀意識隨意的評判、批評、指責、謠傳、謾罵別人。如果能多一點點思考，多一點點同理心，管好自己的嘴巴，或許這個世界會更乾淨一點，天會更藍一點。

20° 別讓雞毛摧毀了生活

誰的現實生活中沒有一地雞毛？

現在Vlog很流行，在IG還有臉書，甚至是小紅書和嗶哩嗶哩上，每天都有大量的影片更新呈現著各式各樣的人生狀態。

很多人都喜歡只呈現出自己光鮮亮麗的一面，永遠都是最好的妝容、最美的景色、最好的生活狀態、積極向上的優美佳句、慈祥的父母、乖巧的孩子、蒸蒸日上的事業，還有永遠都是彼此深愛的夫妻關係。……這些影音平台上，不乏美貌有才氣的女子，和帥氣幽默搞笑的男子，更不乏每天開箱頂級奢侈品、包包、衣服、保養品，甚至車子、手錶、豪宅的場景……那些美好，像陽光一樣耀眼。

但現實生活中，誰的生活裡沒有一地雞毛？再頂級的貴婦名媛，都有自己的煩惱，有人有事業心強能賺錢養家的老公，卻常常不見其人；有人嫁入豪門，但每天外出的時間都要被仔細規定；有人坐擁市值百億的公司，但家中子女不睦、兄弟鬩牆……連說出豪言「沒有人能比我有錢」的頂級富二代王思聰，也有他追不到喜歡的女生反而被倒打的煩惱。

比爾蓋茨與梅琳達也離婚了，長達二十七年的婚姻，多麼恩愛的夫妻人設。他們二人，無論是物質還是精神成長，無論是對於子女的教養還是彼此的人生志業，都像是琉璃一樣無瑕完美地契合，但最終還是碎了一地。

蓋茨接受楊瀾採訪的時候曾經說過，他這一生中最聰明的決定不是創建微軟，也不是投身慈善，而是找到了合適的人結婚。可是，這對一同走過了二十七年的模範夫妻，卻因爲「無法繼續一同成長」而選擇分開，這其中的細節我們難以得知，但想來一定也不乏激情消散的遺憾，和感情破裂的創傷。

正如張愛玲在《天才夢》裡說過的，「人生就像一襲華美的袍子，爬滿了蝨子」，外人一眼能看見的只有華袍的光鮮亮麗，而那些蝨子帶來了煩惱和苦痛，卻才是生活中不可言說的眞實。誰的人生全無那些討厭的雞毛呢？只是說或者不說，說給誰聽罷了。

生活總有不完美，但我們可以選擇備一把雞毛撢子

人生非樂土，各有各的苦。人生的箇中滋味，如人飲水，冷暖自知。美好的表象算不上虛僞，只是呈現出自己最想記憶和留存的美好回憶，抑或是最想成爲的那種完美狀態。

但我們有時會坐著這山望著那山高，拿著放大鏡來檢視自己的生活。看著周邊人們的優異，懷疑起自己的狀態：爲何她可以那麼優雅，而我卻常常被生活搞得狼狽不堪，一身雞毛？爲何她總是那麼陽光自信，而我卻常會因爲工作和感情鬱悶煩惱？爲何他的能力可以被老闆賞識，順利升職，而我做得要死要活也不能被提拔？爲何他能力並沒有那麼出衆，賺的卻比我多很多？……拿著別人的美好，和自己最差的狀態比對，越比心情越差，越比越會愁容滿面。

你要知道，生活是一顆並不完美的鑽石，有千千萬萬個切面。不同的時間，轉個身，就能由笑而哭，或者由哭轉笑。誰的天空中只有藍天太陽，沒有陰雲霧霾、傾盆大雨？別人笑的時候，你在哭；你笑的時候，別人或許也在哭呢。只是時間不一樣，身處的環境不一樣罷了。不管身處什麼樣的位置，都可能會有一地雞毛的生活狀態。人與人之間最大的差別，可能就是處理雞毛的時間長短了吧。能快速的把雞毛清理乾淨，讓自己的心變得清潔舒適，空間大了，生活自然能容納更多的笑容與幸福；處理雞毛的時間長了，心窄了，煩悶肯定會更多更久一些，陰雨天的日子會更長一些。

我們都要有一把雞毛毯子，隨時握在手裡，清理掉生活中大大小小的雞毛，讓我們的生活更明朗一些。

特斯拉及Space X的首席執行官馬斯克的母親梅耶，培養出包括馬斯克在內的三個傑出的孩子，各自在科技領域、食品行業、電影方面取得了令人讚嘆的成就。她自己也是位成功女性，六十幾歲時成爲美國《時代雜誌》健康版封面模特兒，一度登上紐約時代廣場的廣告牌，她美麗、智慧、光彩照人，是衆多女性心中的勵志偶像。

可是，令人難以想像的是，梅耶曾經也有失敗的婚姻，還飽受前夫的家暴和侮辱整整九年！生活的一地雞毛差點讓她失去了信心。爲了離婚，她不惜淨身出戶；離開前夫後，她要獨自撫養三個孩子，在擔任營養師和模特兒的求職過程中又遭受了無數次拒絕。

可想而知，她的生活也曾像一團亂麻，充滿了煩惱和陰霾。這些困難和煩惱，如果不去處理和改善，就會一直在那裡，擠壓我們生命中晴朗的天空。幸而梅耶堅持下來了，儘管很難，但一點一點地解決困難、清除煩惱後，她的生活越來越順利，工作上的運氣也逐漸好起來，人生豁然開朗。

時時清理心中積累的雞毛，生活就會更美好

現實生活中，是沒有空中樓閣的。所有的紛紛擾擾，雞毛蒜皮的事情都不會自動躲起來，你也沒有一個雜物箱可以直接收納它們，做不到眼不見爲淨。我們所看到的一切都是透過腦袋重重的篩選，穿過了層層疊疊的雜陳，在千絲萬縷中抓住關鍵的線頭。時時清理掉雜物，解決掉雞毛，才能在渾沌不清的生活中得以窺見天光。

如果能在心房安置一個空氣清淨機，最好可以二十四小時、全年開機。而積累下來盛滿了的塵蟎與灰塵，都是需要定時清理的。如果濾網太髒，會壓迫到心臟的神經，使人喘不過氣來，也會因此喪失掉生活的品質，丟掉對待生活的熱情。一旦消極下去，又往往會造成惡性循環，不但心情持續變差，還浪費了大量的時間，反而更加怠慢了自己的生命。

不要因爲別人千篇一律的光鮮亮麗，而否定自己的生活狀態；更不要因爲自己身處一地雞毛的窘境，而崩潰抱怨頹廢；也不要因爲別人帶著濾鏡的美好片段，驚擾了自己本不平和的心境，使心中變得雞飛狗跳，或更雜亂不堪。我們每個人手裡都有一個開關，如何清理雞毛都由自己來決定。美好是留給回憶的，生活是用來經歷的。看到自己的優點，能清理生活中的雞毛，你的人生會更有清淨，也更有幸福的能力。

別讓一些雞毛毀了自己的生活。隨時讓自己處在良好的心態氛圍裡，生活不變得更好都難。因爲你會很開心的享受當下，也會更能發現自己的優點，吸引到同頻率的貴人；省下鬱悶的時間，就有更多的時間去吸收對自己的生活有幫助的知識。進入一個良性循環的系統，生活會正面又積極，充滿陽光和力量。

21°

別爲自己的選擇遺憾

既已選擇，就享受當下與結果吧

突然的變天，完全出乎意料之外，讓人應接不暇。昨天明明還豔陽高照，穿一件襯衫都會熱，但我下車的那一刻，才發覺我被昨日的陽光給誤導了，穿得太單薄。路上很多人都穿起了羽絨服。這麼冷的天，戶外也不知道去哪裡好，於是就想到去湊個熱鬧，去美術館看「奈良美智」展。

臺北藝術大學很美，我第一次來，被這裡新奇的花花草草給吸引了。這裡還養了幾頭牛，校園也像極了歐洲街道的秋天，冷風颼颼，鴿子在林蔭大道上大搖大擺的壓馬路，這些景色都難免讓人駐足。但來到關渡美術館，看到長長的隊伍時眞的很驚訝。工作人員說，只能入場到四點半，不建議我們再排隊了，因爲最後我們很可能無法入場。場內一次參觀會控制在三十到四十五人，場館開到五點，而我們到的時候已經三點零七分了。望著前面浩浩蕩蕩的人群，讓我有一些猶豫，到底要不要排呢？

我算了一下，現場大概兩百人左右。如果始終維持最高人數四十五人在館內，十分鐘爲一個輪動時間、每次輪動二十人次的話，我們是可以進去看的。這棟建在山頂上，風吹起來不是一般的冷。我被凍得瑟瑟發抖，還好可以追古裝劇打發時間。除了寒冷讓時間變得特別有存在感，其他都還好。慢慢等到三點半，我才發現他們每次輪動只有十個人。當下我就開始緊張，今天我們很有可能眞的入不了場了。

人都是這樣吧，沉沒成本一旦花下去了，眞的好難邁開離開的腳步。沒有希望，才不會失望；就因爲有預期的結果，才會大失所望。這種隨機事件，眞的只能一切都隨緣，交給時間的賭局，哪怕是落選，也不懊惱、難過。畢竟沒有試過的，才是人生的遺憾吧。

我在心裡想著，如果沒有看到展，就去電影院看一部電影。中間很幸運的在車上找到了薄雨衣，可以暫且保暖一下，繼續等待四點半的來臨。結果，在前面還有四個人時，時間到了，我就這樣被拒之門外。工作人員宣告結果的時候，我有一點小失落，但一個半小時寒冷的戶外罰站，雖然沒有達成目的，卻也沒有任何怨言與遺憾或者不開心。站著等候的時間，我看完了一集搞笑劇。雖然環境是惡劣的，但時間並沒有虛度啊。

這種概率的賭博，就是盡人事聽天命，你不試一下，就不知道結果。你可以放棄而因此前功盡棄，但堅持下去了也未必能達到目的，完全沒有對錯。鄭板橋的座右銘是「難得糊塗」，我會覺得，傻得自己快樂就好。能像個單純的孩子，隨時都能清空塵念、回到孩子般的心靈與視角，享受當下的新奇，也是一種幸福。比如我會好奇剛才看到的那牛是公牛還是母牛？還有金銀花，我一直以爲它只生在山東，它是如何在牆上扎根，而且在臺北竟也生得如此美麗？

人生時時刻刻都在選擇，小到一餐飯，大到一台車、一間房，遠到一個工作地，寬到一個交往對象……我們都是在選擇中行走，成長，而一個個選擇又鋪墊成了一條條通往遠方的路。每一種選擇，就代表一種活法，既然早已選擇，享受當下，也承受結果，便是再自然不過的事了。

遺憾過多，反而蹉跎了當下

許傑與前任分手八年了，這八年裡再也沒有讓他願意承認的女友。這麼多年過去，那位同時也是他初戀的前任，他們相知相愛、相恨相殺八年的時間裡，經歷了太多讓他記憶深刻、放不下的事。如今想起來，分手的過程還是歷歷在目。後面的幾年裡，他們一直分分合合很多次，每一次的分開都是對彼此的傷害。先是女生離開了他，過了幾個月他們還是想當好朋友，約吃飯之後又上了床，結果就繼續在一起；後來，他收拾行李搬離他們的住所，女生卻以極端的手段來要脅他，最終他還是不得不出現在女生面前……直到最後一次，他編了一個謊言後不辭而別。從此之後，他們再也沒有聯繫，這才終於結束了那段虐戀。

他卻深深的遺憾於自己離開她的方式，沒有告別，連向舊友詢問關於她的任何資訊的勇氣都沒有。也因為那段分手的痛苦與遺憾，他再也沒有勇氣開始一段新的戀情。

所有的痛苦與遺憾，都來源於你想要的與現實的落差，但再多的遺憾，也改變不了當下的處境，反而蹉跎了現在的時光。塵歸塵，土歸土，當下所做的一切都是最好的選擇。只要是自己走出來的路，它們都會嵌入生命的記憶，也就無所謂遺憾。過去的既已過去，就讓它隨風而去。不要因為曾經的不美好，而帶著遺憾，不敢做新的選擇。

每個人都有自己的弱點，這個弱點往往源自於小時候的成長過程。有人最怕生病，有人最怕沒錢，有人怕遇到貪圖自己名利的人，有人害怕寂寞……大多數時候，我們都能與弱點和平共處，但也有些時候，它會跳出來控制我們的「選擇」。所以這個選擇，有可能對也有可能是消耗了時間卻未能得到想要的結果。

如果這個選擇經過時間的驗證後結果是錯誤的，我們可能會仰身長歎一下，口裡碎碎唸著後悔，但是不能因這個失誤而陷入遺憾的泥沼，久久不能走出那個心境。

因爲，生活從來都不會爲誰停留，它一直沿著時間軸往前移動。過往的歲月，本就該留在過去，不管是否處置妥當，都沒有必要再延長至今日。人生苦短，活在當下，未來回頭何嘗不是夢一場。苦不入心，生命自有芳華。

接受當下，無須遺憾

既來之則安之；水來土掩、兵至將迎，說起來容易，做起來並不容易。能不能在養花的時候，哪怕花兒未如期而至，也安心賞這盆綠葉，不枉費曾經投注過的心思？既然選擇了，就不要再抱有遺憾。我們從未被生活綁架，被束縛的是我們的心。

弘一法師說：「花繁柳密處撥得開，方見手段；風狂雨驟時立得定，才是腳跟。」孔夫子也講：「智者不惑，仁者不憂，勇者不懼。」很難做到生而有智，所以我們常憂會懼而難以不惑。但是，我們還是能順其自然的接受當下，習慣選擇後的結果，對所發生的一切不感遺憾。體驗過的，就是你生命裡所擁有與呈現的。

22°

不要無限放大過往的悲傷

從我們出生開始，走進人生道場，每個人的身心靈上或多或少都有傷，或許來源於不懂得照顧我們的父母親、原生家庭，或許來源於進入學校後的師生關係，抑或是工作後的職場人際關係，也可能是愛情當中的撕裂，婚姻當中的磨合……我們或多或少都受過一些挫折，有過一些傷痛，不會比別人多、也不會比別人少，剛剛好經歷了那些。

值得慶幸的是，所有沒有殺死我們的，都讓我們更茁壯堅強。而那些悲傷的過往，造就了現在的我們，讓我們更成熟，更能夠抵擋外在的挫傷。

放下痛苦的往事，也是放過自己

友人小熏終於離婚了，我們一起聚餐時，大家七嘴八舌的開始討論起她的前夫跟她那奇葩的婆家。婚姻的這幾年裡，小熏整個人都是憔悴、笑不出來的。大家每回見面時，都會聊到她那出軌成性的老公，有一次還對她家暴，一個拳頭打過來，她臉上因此縫了六針。受傷的她每天都想死，沒有活下去的勇氣，整整三個月一步都沒有邁出大門，天天以淚洗面，傷口不斷被淚水浸濕到都無法結痂；她還有一位不喜歡她出門的婆婆，她出門跟朋友聚餐，一週就少煮了一次晚餐，會被婆婆罵說好吃懶做不著家。

在一次次的傷害永無止境的來臨後，她終於鼓起了勇氣，淨身出戶，離開了那個破碎不堪，給她造成無限身心靈傷痕的婚姻。

剛離婚的時候，她也痛苦過、懊惱過，後悔過自己的選擇，更憐憫過自己那些不幸的遭遇。但是，過了一段時間之後，她就知道，她要拋掉過去的所有，她要重振旗鼓。既然離開了，就要珍惜這難得的自由，要重新開始自己新的人生。愛過必須要承認，錯過也沒有什麼了不起。一段不幸福的感情，不管開始還是過程，一個巴掌拍不響，兩個人肯定都有問題，假設都是對方的錯，也是自己當初瞎了眼做的選擇，自己選擇錯了也是錯。

我曾經問她：你還恨他嗎？恨他們嗎？她說：不再愛了，哪裡來的恨呢？過去如雲煙，他們這幾年待我再不好，他也真的待我好過，不然我怎麼會與他在一起，更與他生了孩子呢？不管那段記憶多麼的不快樂，他們終究還是我孩子的家人，骨肉相連。我不能自私的為了自己，讓我的孩子沒有父母中的一方，抑或是對他的某一個家人產生仇恨。放下那些痛苦的過往，是放了他們，更是放了我自己。

後來的一次聚會，朋友們又像往常一樣，對小熏說道：你走出來是對的。你婆家那些人真的很差勁，你老公真的很渣……這似乎成了某種不成文的餐前例行儀式。但小熏這一次突然愣了一下，很嚴肅的對大家說：謝謝你們這幾年陪我走過這段傷痛的經歷，給我非常多的心理安慰，很感謝我還有你們。但是，我已經從那段記憶中走出來了，所有的那些不好的事情都成了過去，我不需要再去回憶它，我也不覺得那些記憶能給我帶來快樂或者美好。所以，請大家以後不要在我面前提起那一個人，以及那一段關係相關的所有一切。所有的糾葛、痛苦傷心，在我離開的那一刻都應該結束了，對於他們的討伐，也就到此爲止吧，我們應該往前看，我更應該往沒有他們的未來看。

她的這段話，讓我們很震撼。她說到做到，從此以後的聚會再也沒有關於那段悲傷過往的內容。反而是她開始新的工作，新的戀情，有了新生活甜美的樣子。認識很久的人才知道她經歷的那些痛楚，在此之後認識的新朋友，每個人都只看到了她青春洋溢、自信滿滿的面對生活的樣子。沒有人能想像得到，那個甜美、活力十足的女子，也曾經經歷過沒有自由、近乎枯萎的人生。

演員楊冪在一次採訪中說道：每個人都很辛苦的生活，憑什麼要別人了解你的辛苦？路邊的清道夫不苦嗎？7-11的店員不苦嗎？企業的老闆就不苦嗎？各有各的苦，沒有必要讓別人知道，更沒有必要逢人就說，讓每個人都理解。

以後但凡有人問起小熏的前一段婚姻，小熏也總是回答說：每一段關係的結束，雙方都是有對也有錯，從來不是一個人的問題。你既然選擇了那段經歷，就不要爲它而後悔。每個人都有喜歡、也有不喜歡相處的人，只是剛好前夫的媽媽不喜歡她而已。對於前夫，她也會理性的分析他的好，避重就輕的略過他的過錯。

過去的人事物早已屬於過去了，根本不需要再提起，更不需要去詆毀。不要去放大過往的悲傷，也不要自怨自艾，糾結遺憾。所有發生的事，有壞也有好，每一個存在，都有它自身的意義。放過別人，也是放過自己，完全放下了過往，才會有當下以及未來的生活。

沒有愛也就不會有恨，簡單清楚的理性看待事實，好過於情緒化的去放大過往所有的缺點與悲憤。來來往往人世間，有些人出現在了生命裡，不管結果好壞，自然有它存在的必然與意義。看清事實，認識它，承認它，放下它。而不是吹毛求疵的去否定它，那只會讓自己更加陷入囹圄。

看淡悲傷，悲傷就會無限縮小直至消失

不要糾纏在過去悲傷的唯一方式，就是承認它的存在，也清楚知道它讓你學習到了什麼，這種反思才是人生成長的基石。最怕的是有一些人因爲受過的傷痛，即使離開了那個環境、那段關係很久，還是哀怨不已，把對方的過錯如數家珍般抱怨不停，亦或是把那些經歷包裝成痛苦的殼，作繭自縛，逢人便說。放大悲傷的結果就是陷入一個死循環，被套在過去裡，走不出來。人生永遠在自己的故事裡，未來會像被黑暗吞噬般，看不見光。

離開之後還要用過去來作繭自縛，與沒有離開那段不愉快的經歷，又有何區別呢？否定過去的存在，就是否定自己的選擇；否定自己的結果就是，越來越膽小害怕，不再敢去嘗試。

人無完人，事無完事。很多人猜得到開始，猜不到結局；猜得到結局，猜不到過程。所有的事情，都是兩面刃，有好有壞，有對有錯。不要妄自菲薄，也不要欲加之罪。

過去的人事物，所有發生的一切，都讓它留在過去。很多時候，人們陷入痛苦不能自拔，

不是因爲那個痛苦本身有多大，而是因爲我們盛放它的心胸太小了，我們看待事情的視角太小了，無形中放大了痛苦。敞開胸懷，保持樂觀積極的心態，才能讓快樂及生命長久。

不要用想像誇大悲傷，我們遇到的苦難不過是人生一段不平坦的路而已，天並不會因此就塌下來。無論你有著怎樣的不幸遭遇，生命還在，就有重新開始的機會。不要陷在悲傷的漩渦裡出不來，當你站在一個更高的角度，轉換一下思維，調節一下心態，或者出去看看大海，爬爬高山，這都有利於你調節痛苦的情緒。你會發現，再大的悲傷也都可以被忘卻。命運往往無常，只需要把心放寬，轉個角度看世界，世界就無限寬廣；換種立場待人待事，人事無不輕安。不要總是去抱怨不幸，而要時時保持平和的心態，調整自己的內心。

心態具有強大的力量，它會從裡到外影響你，給你暗示。你時刻都惦記著悲傷，那它就會無限放大，最終把你的生活變成灰暗的一片，剝奪掉你享受快樂的權利。把悲傷看淡，悲傷就會無限地縮小，直至從你的內心消失。

我們都有過去，我們也都背著傷前行，那些在我們生命中留下痕跡，但沒必要再想起的傷痛，都是我們面對未來的養分與力量。不要放大過往的悲傷，認眞的過好現在，我們會看到遠方最亮的光。

23°
避免做別人情緒的垃圾桶

一次擔任情緒垃圾桶的不愉快經驗

某天早上六點多醒來，拿手機看了一下時間，隨手轉發了一條臉書的訊息後，一個幾年沒見的友人竟然發來訊息：你還沒睡？回她：醒了。她跟我說：我跟你一樣。我還沒反應過來，她已經開始敍述她的故事。

她生完小孩之後，就離開職場，在家帶小孩、侍奉公婆。她喋喋不休地說道，自己這幾年很辛苦、很累。老公做著一份接案的工作，薪水時有時無，常常處於沒有錢的狀態，所以很多時候她都要動用自己過去的積蓄。他們沒有自己的房子，跟公婆住在一起，剛結婚的時候，婆婆還會與她分工合作一起做家事，可是生完女兒後，現在在家裡，她要爲一家子準備餐點，吃完後還要自己洗碗。有一次，她讓老公洗碗，結果被婆婆教育了很久，婆婆說她沒工作在家就是要負責家事，她兒子在外面工作那麼辛苦，怎麼可以讓他回家後還來做這些事情？她還有一個大齡未嫁的小姑，去年博士畢業後，本來跟著教授做研究，後來因爲跟教授發生口角，就辭職不幹了，也不願意出去找工作，一直賦閒在家。她這個小姑在家裡什麼家事都不做，茶來張口飯來伸手，還時不時的跟婆婆抱怨她地沒掃乾淨……

聽了這些事，我也很爲她打抱不平，她的婚姻狀況確實很糟糕，婆婆非常不通情達理，他們家人也不盡人意。可是這些都是家庭瑣事，是臺灣家庭中大多數的女人在生完孩子、在家顧孩子與家庭的那個時期，都可能會遇到的問題。

開始時，我還全力幫她分析，以「過來人」的身分給她一些建議。許多事情，身在其中時，一切都像一團謎，霧濛濛的，怎麼看都看不到方向，也理不出頭緒。或許我們每個人都會遇到類似狀況，當局者迷，旁觀者清。我幫她分析完她現在的問題後，列出處理問題的步驟，讓她可以認眞的思考對待這個問題，並且找到解決這個問題的切入點，一點點的去試、去彌補、去解決那些問題。

可是我跟她講了一堆之後，她還是停留在自己的世界裡，還在一條條列舉他們一家人的罪狀，一遍遍重複他們的惡行。當我發現聊天毫無實質進展時，我就給她一些贊同：對，我了解，他們眞的很白癡，又很過分。但兩個多小時過後，她還在那個地方，原地不動，一直重複那些日常瑣事，陷入非常負面的情緒宣洩中。

我知道她也是碩士畢業，曾在知名科技公司擔任過主管，於是我只能跟她說：你的邏輯思維能力很好，相信你有解決這個問題的能力。或許是因爲我給了她一個類似ending的回覆，她直接回我：機票早就買好了，在整理行李，明天回娘家！

這下換我滿滿的驚訝了……原本以爲她是來找我諮詢、尋求協助，結果，她早已做好決定。而我，是她最後的一個選擇，還只是她情緒的垃圾桶！

我這滿滿的同情同理心瞬間玻璃心碎了。或許我只是在她情緒很糟糕的時候，剛好出現的一個沒那麼重要的人，因爲疏於聯絡，彼此之間並不熟悉，所以她把家裡所有的醜事說給我聽，對她的人生完全沒有影響。我這個角色當她的情緒垃圾桶，再適合不過。

生活是自己在過的，或許我們都沒有聰明到可以指導別人的生活，很多時候，我們都只能是親朋好友或某個人的傾聽者，最多給予一些經驗與想法之後，還是會作爲旁觀者，看他們用自己的方式生活在自己的軌道上。

而那天的我，本來打算早早起來泡個熱水澡、吃個舒服的早餐，結果因爲我的「過於熱心」耗去太多時間，跟別人的十點之約甚至遲到了。

截斷「踢貓效應」的壞情緒傳染鏈

每個人的時間都是有限的，有限的時間只能去做有限的事情。因此不要隨便做別人情緒的垃圾桶，也不要隨便找個人當你的情緒垃圾桶。

或許發牢騷的那個人，覺得你在他生命裡無關緊要，聽或者不聽，以後他的生活都與你無關；也或許他是你最好的朋友、最好的閨蜜，可是他每次與你聊天說話，內容都是可憐兮兮，永遠都是最慘、最糟糕的狀態，抱怨父母、工作、另一半，你永遠都是他「傾訴」（抱怨）的第一名單。一旦發生這種狀況，一定要警覺：明明在他臉書上看到他跟其他朋友出去吃高檔料理，轉頭就對你說他身體狀況多差，什麼都吃不下；明明看到他們家人夫妻出外幸福美滿的合照，轉頭就告訴你家人對待自己多麼的糟糕……遇到這種狀況，一旦發現苗頭不對，一定要適可而止，讓對方知道你並沒有想當對方的情緒垃圾桶。這種找一個情緒垃圾桶的行爲一旦開始了，就會上癮，最後對抱怨的人以及作爲垃圾桶的一方，都只有負面的影響。

心理學上有一個詞叫「踢貓效應」（Kick the cat effect），源自一則有趣的寓言：一位騎士在晚宴上被領主訓斥了一頓，他怒氣沖沖地回到自己的莊園，對沒有及時來迎接的管家大發了一頓脾氣。管家心裡惱火，回家後找了個雞毛蒜皮的理由，又把自己的妻子罵了一頓。妻子受了委屈，正好看到兒子在床上蹦跳，上去就給了兒子一耳光。最後，那孩子莫名其妙地挨了一耳光，心情極度糟糕，一腳把正在身邊打滾的貓踢得翻了個跟斗。

心理學家用這則寓言描繪了一種典型的情緒傳染鏈——人的不滿情緒和糟糕的心情，一般會隨著社會關係鏈條依次傳遞，由地位高的傳向地位低的，由強者傳向弱者。最終，無處發洩的最弱小者便成了犧牲品。

這種情緒轉移現象在生活中並不少見。一個人一旦無法正常宣洩和排解自己的不良情緒，就往往會找一個出氣筒，把情緒轉移到其他人或物的身上，而且，往往會宣洩到那些比自己弱的人或物身上——非但憑空發怒，而且欺軟怕硬。

情緒會像「病毒」一樣，從這個人身上傳播到那個人身上，一傳十，十傳百，其傳播速度有時比有形的病毒和細菌的傳染速度還要快。這種壞情緒傳染給人造成的身心損害，絕不亞於病毒和細菌引起的疾病危害。因此，我們既要學會控制自己的情緒，也要學會疏解他人的情緒，截斷「踢貓效應」，或者說「情緒傳染」的傳播鏈條。

（節錄自《墨菲定律：如果有可能出錯，那就一定會出錯！》，2022/01，作者／張文成）

遠離不必要的負面情緒，點亮自己的生活

每個人每個階段都有自己必須要面對的問題、需要學習處理的人生課題。我們都一直在經歷生活，在學習、鍛鍊處理生活中大小問題的能力。單純的抱怨，只會讓一切問題停在原地打轉，不會成長改變，它會變成長期的惡性循環。眞的不知所措的時候，可以去尋求「心理諮商師」的協助，他們可以給予最專業的幫助。

在趙薇主演的《虎媽貓爸》中，她婆婆遇到很大的問題，周圍所有的親朋好友都在看她的好戲，只有趙薇一個人可以傾訴。當時她對趙薇說：我知道我不能把你當作我情緒的垃圾桶，但是我實在太痛苦，你可以幫我一下嗎？那一幕讓我感觸很深，她婆婆很尊重她，知道即使很親近的人也不能隨意拿來當作自己的情緒垃圾桶。

可惜大多人都做不到。被別人當情緒垃圾桶的人很悲哀，因爲他們浪費了一堆時間來接收這些垃圾；接收了這些情緒，又要花很多時間去消化；更慘的是，周邊的人可能也會因爲這些負面的情緒而遭殃。丟情緒垃圾的人也很悲哀，因爲他們花很多時間在濛霧裡行走，看不見也不願意看見自己的方向，不去正面解決問題，而只是從不同的人身上尋找安慰，那會讓人陷入一個泥沼，浪費很多時間卻無法自拔。

你身邊的人，不論看起來過得多風光、多麼多彩多姿，都有自己的煩惱、有自己的生活，他們的時間也都很重要。所以，避免隨便把別人當作自己情緒的垃圾桶，也不要去當別人的情緒垃圾桶，才能遠離沒有必要的負面情緒，不讓它們影響自己的心情與生活。

不要期望別人有同樣的同理心，能夠感同身受聽你抱怨，沒有人過過你的生活。每個人的時間都應該更多的浪費在快樂的事上。凡事都要適可而止，友誼才能在適度的空間裡，悠然而行。

24° 過好自己的日子，沒事別借錢

一次借了錢卻失去了朋友的經驗

你有跟別人借過錢嗎？你有借過別人錢嗎？

久未聯繫的高中同學跟我在線上軟體哈拉了幾句，我原本沒在意，想說很久沒見啦，敍舊吧。第二天，他發訊息問我：在嗎？我說：在啊。他說，有事想麻煩你。我回他：只要不是借錢或要我賣身，都沒問題。果然，他說：就是想跟你借錢周轉一個月。

當年他大學畢業回到我們城市，進了事業單位，現在好歹也是個副局級別，但最近卻因爲炒股嚴重虧損。他說：「局長要來查賬，有些帳目不平衡，我手邊沒有錢補，要先借錢來補一下窟窿。後面還補了句：我有錢，都在我老婆手上，不敢跟老婆說。」

我聽了就肚子冒火了！你有事了跑來找很久不見、沒聯繫的同學借錢，不跟老婆、家人商量？先不說我們很久沒見了，你缺錢都不敢跟家人講了，爲何敢找別人借呢?!他說，是因爲不想讓家人擔心。

因爲自己的問題犯了錯誤，不敢與家人商討，那就可以製造別人的煩惱？後來我拒絕了，我是很排斥借錢這件事的。

大學的時候，我有一個玩得很好的哥們。大學畢業之後，有一次我不在當地，麻煩他幫我收一筆生意上的款項，結果他收了之後，說自己餐廳生意資金短缺，卡債一堆，先借用了。我後來想，反正是好朋友，誰沒個急用啊，就借他了。結果，他借了之後，就沒提過要還，也不再跟我聯繫了。一直到後來，我問他：你可以還錢了吧？他先是跟我說：我現在還在還債，沒錢；後來：我現在剛買了房子，沒錢；再後來：我剛跟老婆拍婚紗照，沒錢；再再後來：我們要辦酒席，得花錢，沒錢還；一直到後來：我們收紅包了，我數完就還你。終於還了，還給我甩一句：我老婆家是大戶，有的是錢，不缺錢！

我當時眞想罵髒話！滾！有多遠給我滾多遠！

他一跟你借了錢，他就變成你大爺了。先不說那筆錢有多少，光是他一會買房、一會拍婚紗、一會辦酒席都有錢，說到要還錢就沒錢，還有那語氣與態度，眞的很讓人心寒。有這一次經驗，讓我知道，我這睹好心，是給自己找氣、找仇人了。

借錢與還錢之間最難解的課題：錢有價、情無價

人與人的情分，與信任一樣，是有限的。你可能需要花很長的時間與心思與對方相處，禮尙往來多次以後才得以建立起互動良好的友誼。培養這段情分，與建立信任一樣，需要長時間的累積。但是，破壞它，卻只需一件看似不大的事，一下子就能把得之不易的它打碎了，一旦碎裂就很難彌補。

金錢是計數累積的，是有價的。情誼卻是無價的，它有你爲之付出的眞情，也有彼此之間

的精神扶持。如果用有價的數字去衡量彼此的情誼，丟掉的不止是對方的信任與日積月累的感情，還有可能是更多的人脈關係，那眞是得不償失了。

阿紅是做保險的業務，因爲跟她買保單認識，她常常姐姐長姐姐短的，彼此之間有了友誼的默契。結果，有一次阿紅跟我說，她男友信用卡刷了4萬多塊，本來要還信用卡的錢在去夜店玩的時候弄丟了。她們倆人都沒有這個錢可以還信用卡，因爲是在夜店丟的，也不能跟父母講。阿紅就跟我說：可以跟你借5萬塊嗎？下個月發了薪水，就能還你。

我也是本著是接濟一下年輕人的心態，就借給了她。不料，到了下個月底，她都沒有要還的意思。當我問她，你是否發薪水了？可以還錢了？她卻與我說：那個是男友借的，是他要負責還的，與我無關啊。再問她，她就回：那錢也沒多少，你也不缺那個錢啊，再等等他吧……

我並沒有直接借給他男友，也沒有他的聯絡方式，與她男友更是沒有任何情分啊。趕鴨子硬上架，我就被這樣情誼捆綁了。最氣憤的還是，她的語氣就是你不缺錢，晚點還錢有差嗎？……一副無所謂的態度。後來，三番五次的催促下，她才分期把錢還我。我本來是要介紹客戶給她的，這事之後當然就不了了之，對她也避之唯恐不及了。

本來看在彼此的情分上，可能給她帶來幾十甚至上百萬的業務量，結果因爲5萬塊的借錢行爲，這機會就給毀掉了。我們間的友誼，她就定義爲區區5萬塊了吧……這樣「廉價」的關係，不要也罷。

很多人都有這樣的經驗吧，明明是好心的希望幫助對方暫渡難關，卻沒有想到等到要對方還錢的時候，反倒是借錢的人小氣了，有的甚至會道德勒索，這種債權人與債務人關係顚倒的事，屢見不鮮了吧。

那位找我借錢吃了閉門羹的同學，年終同學聚會上，大家邀了他多次，他都沒有參加。後來跟大家聊起他借錢這件事，才知道，跟他一起在當地工作生活的人，他都借了個遍。這個人借五千，那個人借一萬……同學圈裡一個都沒被落下，連生活在別的城市的也被借了三、五千。聽說他是迷上了運動彩券，不停的賭球，輸得很慘。借他錢的同學們，一是因爲他工作還不錯，二是他老爸是退休的小學校長，退休待遇很好，不缺這幾萬塊。後來聽說，他爸幫他把一部分比較「重要」的欠款還了，另一些小額的就不了了之了。

或許有些人覺得，借錢就是要找沒什麼感情可以傷的人借，還不還，對自己都無所謂。但是，這個世界很大，一個人可以利用的價值有限，一次因爲一點小錢就把感情毀了，是不是非常不值得？

不與他人有金錢往來，是最理想的情況

有了多次借錢丟掉朋友的經驗，之後就給自己一個心理暗示，不要隨便跟朋友借錢，也不再借錢給他人。如果對方眞有困難，力能所及的給對方也不採用借錢的方式。

老人們都說，借窮不借急。後來又有一個朋友說遇到騙子，把他所有的存款都騙走了，自己身無分文，找我來借一筆錢周轉。於是我拿給他一萬塊，說這個錢給他吃飯，一點心意助他渡過這個難關，不用還。我寧願在他貧困無力生活的時候送他這筆錢，也不要借錢給他。一是免了我想著要錢的煩惱；二是避免再丟掉一個朋友。

規畫好自己的財務，是非常重要的事。在自己的財力範圍內行事。如果遇到眞的需要借錢

的時候，銀行的大門是開著的。如果跟銀行借錢時辦理的時間太長，需要急迫的用現金又沒有現金周轉的時候，那麼也請列好借款計劃，用等價物與親友抵押，並且按照大於等於銀行利率的利息算給親友。親兄弟明算賬，不拖不欠，不給對方造成生活的困擾。

過好自己的日子，有多少能力辦多少事情，不要做超出自己能力範圍的事。打腫臉充胖子，缺錢的時候難免會有緊迫的壓力，最後承受壓力的還是自己。不要輕易找別人借錢，能把自己的資金規劃好的人才是值得信賴、可以交往的朋友。也不要輕易的借錢給別人，無畏的大方可能帶給自己的是擔憂與焦慮，那是給自己徒添煩惱。有這些緊迫、擔憂的心思，還不如去好好學習投資理財知識，更好的規劃好物質生活，讓錢包豐盈起來，自己也會有更獨立的財務話語權。

CHAPTER 5

——歸零

不同的年齡，面對無常、面對選擇，都沒有最好的答案。

順了當下的心，如了當下的意，且走且看且懷念遺憾。

人生，不過是要看得開而已啊。

25° 生活，沒有腳本

看電視劇時，主角們的生活有悲有喜，豐富多彩，好像眞的就是我們每一天會遇到的日常。但是，所有的演員手上，其實都有一本事先編排好的腳本。電視節目是如此，電影是，網劇是，甚至你看到的Youtube平台裡的各大網紅也是，大家都會事先寫一份對白稿，先練習過再呈現給觀衆。

那麼生活也可以如此嗎？你可以列好每天幾點起床，幾點吃飯，幾點做什麼事，幾點睡覺。只與自己有關的，一切可以on time。但是，只要涉及到另外一個人，涉及到除了你能控制的範圍之外的事，都會存在變數。生活由無數事件組成，或者是大事，或者是小事；或者已經成爲過往，或者正在發生，或者在未來等著我們。而我們無法把我們的期望寫成腳本，按照它去演繹生活。

人生往往是一連串無法按計劃進行的旅程

小珍在大陸念的大學，回台灣工作很多年後，本來預計想參加台灣的國家考試，考一個金融從業資格證書，爲自己轉換職業跑道提供一個更好的平台。當時有了想法就興致衝衝的跑去考試中心問：需要準備什麼材料？備考人員說，需要之前大學畢業證書的海基會公證文件。她就拜託親朋好友去辦理公證，來來回回資料跑了三個月，好不容易辦理回來，報名的時候，資料審核不合格。她完全不理解，都準備了那麼久的讀書，爲何不能參加考試？結果考試中心跟她說：需要參加台灣的同等學歷認證考試，只有考試合格了、拿到這個同等學力認證的文件，才能參加台灣的國家考試。因爲這種考試一年只有一次，所以當年她的備考就等於作廢了。

第二年，她辭掉工作，興致衝衝報考了同等學歷認證考試，心裡的劇本是花三個月時間好好讀書，考過這個同等學歷認證考試之後，再去考金融從業資格證。結果，考試前兩個月，家裡發生了變故。之前手邊的積蓄都被挪去應對家裡的事情，自己卻沒有工作、沒有薪水，轉換這個職業跑道的夢想瞬間就破裂了，她幾夜之間熬出了滿鬢的白髮，根本沒有多餘的心力去唸書。於是，她不得不放掉這個原本計劃好的「劇本」，不再執著於一定要學習、參加考試這條路。

這兩年多來，她爲了要考金融執照買了大量的書籍，也學習了一些只知識。可是，在面對實際的生活的時候，她也只能遵照當下生活的路。

後來，她爲了要賺錢養家養活自己，關注到一些網紅產品，在危急時刻想到了另一條轉機的路，開始網絡銷售當紅的產品，創建了自己的品牌，之後也慢慢的走上軌道。

我們的人生，根本就沒有腳本。我們沒有辦法讓自己的生活全然按照計劃進行。因爲，我們無法爲生命中出現的事情提前設定好腳本。什麼樣的事情會來、何時會來，會在我們的生活中有多麼大的影響力，那些事情會以什麼樣的方式來襲擊自己預期的生活，甚至是環境的變化，都是不可預知的。你未來會遇到誰、做什麼工作，是能夠功成名就，還是默默無聞地當一個普通人，不到發生的那一天，都無從得知。

哪怕你想了很久很久，為此做了很多的準備，但是當事情走到跟前的時候，某些變故就會讓原來想象的一切都碎裂，猝防不及。老人家都說，車到山前必有路，船到橋頭自然直，人生不會按照固定的劇本演出。所以，我們都是一面走一面尋找、一面走一面改變，找到不得不的重新選擇，找到剛剛好適合當下的路去走，隨遇而安的過好當下的生活。

95%的擔憂是不會發生或我們有能力解決的

對於沒有腳本的未來，我們常常會患得患失，總是對未來懷有過多的想像、憂慮與擔心，甚至有人會因此患上焦慮症。

「適度的不安」對人類而言十分重要，它讓我們將注意力放在世間萬物上，促使我們得以「躲避危險」或「預判先機」，然後再繼續衍生出社會機制，文明、文化因而蓬勃發展。但是這種不安全感若超過一定的程度，人們就無法專心在眼前必須要做的事上，有時還會因超出自身可承受的極限而生病。

賓州大學的博柯維奇（Thomas D. Borkovec）等人發表了這樣的研究報告：「一般人所擔心的事情有79%不會成真，其中16%的突發事件只需事先做好準備就能妥善應對。」意思就是說，擔憂轉變成現實的機率只有5%。或許這註定發生的5%是我們無能為力的，像是前所未有的天災等「不可抗力」。剩下的大多則是「如果準備得當，即使成真也沒關係」的事。

在遇到煩惱時，請不要基於「事情會變成什麼樣子」的不安想像而焦慮或逃避，而是要以「我想達成什麼結果」的心情來思考，了解自己該如何採取適當的應對方式、策略和事前準備，來使事情的發展盡量符合自己的心意。

預測未來最好的辦法，就是去創造它。越是去探尋讓自己消極看待事物而提不起勁、認為自己做不到的原因，就離解決內心的不安越遠。

（節錄自《這世界愈複雜，你愈要簡單思考》台灣東販，2021/01，作者／崛田秀吾）

憂慮並不能解決任何問題，它只是徒然消耗了你大多數的心理能量與時間而已。眞正會給你造成阻礙的那些意外事件，你根本無從預見，無從去做好心理準備，更沒有什麼完美的預計處理方案。只能是且走且看，盡量讓事情的發展符合自己的心意，不造成太糟糕的結果。如果不能通過事前的準備和當下的處理達到你想要的結果，那就是你此時此地的人力不可及之處，不必執著，坦然接受就好。

唯一正確的選擇並不存在，放心迎向未知的驚喜與驚嚇吧！

好友因爲新冠疫情，博士畢業後遲遲無法按計劃從美國返回中國。幾次機票不是臨時取消，就是航班熔斷（指該航班確診病例超過五例後，採取的停飛或減少載客的措施），甚至有一次萬事俱備，卻因暴風雪，飛機無法起飛，幾乎滯留在異國他鄉。他是我認識的最有行動力、有能力的人之一，卻因此陷入了人生的低谷。他說，自己在過去的人生中，幾乎都能照計劃按部就班地進行所有事，想要達成的目標通過努力無一不能達成，如今卻卡在一張小小的機票上，默默耗費了半年時光。

他開始焦慮、失眠，擔憂中國回國政策的多變，甚至於不敢再去規劃回國事宜。我勸他說，其實我們每個人都遇到過難以預測、無能為力的境況，使得原本計劃的美好藍圖破滅，但我們不能因此怯於行動，只要未雨綢繆，做好自己能做的所有事，其他的，交給上帝。

想到什麼事情，去做就對了。因為，意想不到的事，是無法為其早做準備的；單純的憂慮也阻擋不了意外的發生。古人說：盡人事，聽天命，就是這個意思。將事情一分為二，分成你能控制的，和你無法對其施加任何影響的。對於力所不能及之事的憂慮，不僅不能帶來什麼好的結果，反而會讓我們錯失許多其他的可能性。我們需要練就的是，在面對那些糟糕的意外和問題的時候，怎樣才能沉著冷靜地去處理，將損失降到最小。

我們之所以緊張、難過，就是因為我們想都沒想過此事可能會發生；我們之所以會痛苦，就是因為想要的得不到，給腳本預設的結局根本不在那道題的選項之中。

如果日子像一本書，每天翻過一頁就會有寫好內容的下一頁，一切似乎就簡單多了。可是，那樣人類的故事也會單調太多了。就是因為生活有驚喜和驚嚇，我們才有情緒，有思考的能力，有語言，才與動物有了區隔。

生活沒有寫好的腳本，你不能照本宣科，正是因為你對意料之外之事的無知，才讓人生鮮活有趣起來。它是你書寫未來的白板，而不是早已寫好的、按部就班的、死氣沉沉，一眼能看到底的未來謄本。

就算生活在一個籠子大小的方寸之地，也能像蜂窩一樣，變幻出無數不同方向不同組合的立方體。每一次的選擇都架構了不起眼的一小部分，無數次選擇便組成了我們獨一無二的生活。

正如尼采所言：你有你的路，我有我的路。至於適當的路，正確的路和唯一的路，這樣的路並不存在。

26°

人生，不過是要看得開

「有很多時刻，你翻山越嶺，而大地寂靜無聲，你驚心動魄，而世界一無所知。」世間不如意之事十有八九，老天什麼時候給你什麼牌，我們從來一無所知。但是不管什麼牌，都要拿在手裡，好好的研習一番，再慢慢出手打出去。日子總歸是要過的，生活一如既往會繼續的。人生，不過是要看得開。

做好當下的決定，未來的變化則非人力所能控制

新冠病毒肆虐期間，從瀋陽遠嫁來臺的朋友Sunny的母親過世了，卻因爲來回隔離時間太長，小朋友們都在臺讀書需要照顧，只能在臺灣遙望對岸，讓兄弟姐妹們處理後事。這種悵然若失的悲愴，也會像千千萬萬個悲傷的故事一樣，被記載在這段悲傷的歷史長河之中。全球很多人已經兩年多沒回過家了，大家同是在父母的呵護下長大的孩子們，卻因爲這個疫情，長久難以相見，只剩下滿滿的想念。面對這些，即使有再多的不甘願也別無選擇，只能全然接受。

人力不能改變的時候，不如面對現實，隨遇而安。與其怨天尤人，徒增苦惱，不如因勢利導、適應環境。生命中那些得不到的、握不住的，都要學會放下。放下那些自私的慾望和心頭

的惡念，放下那些無謂的執著和頑固的偏執，順其自然。回頭看，曾經很重要的事情，當你發現看開了，看淡了，不想計較了，也就眞的無所謂了。

有一次，我對剛搬完家沒多久的朋友Ann說：你眞的很幸運，在疫情來臨時搬完了家。朋友問，何來幸運可說？她說，最初搬家是爲了孩子上課離學校近，不用接送，所以在學校附近租了房子，打算把自己家出租出去，剛好收支平衡。可是，她廢了九牛二虎之力，吃不好睡不好，一個月內搬完家，累得自己大病一場，結果搬完家半個月後，疫情來了，孩子不用去學校上學了，還直接停課到暑假。之前的舊家也因爲疫情，找不到租客，只能空在那裡，還不知道要空多久，收支完全被打亂。她有沒有後悔搬家？當然後悔。但後悔也沒有用，只能隨遇而安，重新調整生活計劃。

生活中大多數時候的幸與不幸沒有絕對，端看自己如何認定。人生，不過是要看得開而已啊。

當下清楚的看到利弊得失，然後選擇了自己想要做的事。或許有一天，當下選擇時的「利」也會變成「弊」，但是誰能控制得了環境的變化，誰能預測得到未來？就像是當初愛上一個人，覺得他品行端正，心地善良，怎麼知道有一天他會背叛你？就像是一個極度注重身體健康與養生的人，怎麼預料得到有一天自己也可能各種病症纏身？就像是一個一直有健身跑步習慣，且生活自律沒有任何疾病的人，怎知道自己喝了一席酒後就再也醒不過來？就像是在這個疫情籠罩的悲情時代，開心的家庭聚會，哪裡想得到就成了病毒散播的最佳溫床？……

生活中大大小小的各式事物，都在它的邏輯裡運轉著，不會因爲你而改變或者停止。這紛紛擾擾的人生中的大小事，都在這樣有序的進行著。你能做的，也只有當下最想做的事，最該做的事，就盡量去做，並盡量做好罷了。計劃往往趕不上變化快，不管活到哪個年紀，不論遇到何事，你都無法預測未來。在這件事上，大家是平等的。那些笑看風雲的人，也會有孤獨無助，落魄挫敗的時候；那些自信輝煌的人，也會有無人可依，煎熬脆弱的時候；我們每個人的故事，在他人眼中，也不過是個故事。

眾人眼中的低谷，未必真是絕人之路

二〇二一年，對新東方教育科技集團的創始人俞敏洪來說，是非常煎熬的一年。他高考考了三次，最後考上了北大。畢業後本來是北大的老師，後來出來開辦英文補習班。他說他的補習班，第一年招生僅有十八個人，第三年就有四千多人。那時候拿到的學費都是現金，補習班也就這樣一路很順的就成了新東方學校。新東方在二〇〇六年於美國紐約證交所上市，市值最高的時候會達到二百八十億美元。而俞敏洪本人也敲鐘了三次，新東方旗下的新東方在線、新東方-S相繼在香港上市。二〇二〇年，俞敏洪還以二百六十億人民幣身家位居胡潤百富榜第十九位。

但二〇二一年，中國的雙減政策對教育培訓行業造成巨大的壓力，新東方的股價也蒸發了百分之九十，他的身家縮水了一百八十五億。營業收入減少百分之八十，辭退六萬名員工，退還學費、員工資遣、教學點退租等現金支出近兩百億人民幣，對俞敏洪的壓力可想而知。

很多人在承受這樣的巨變的時候，或許會一蹶不振，或許會玩物喪志，或許會直接退休不幹了。被迫關掉一切線下教學教室的時候，新東方把嶄新的課桌椅捐給了鄉村學校，捐獻近八萬套。他沒有積欠員工薪水，也沒有欠家長學費。俞敏洪說：其實我賺的錢完全夠我花一輩子了，我有房有車，兩個兒子都大學了，養老錢肯定是有的，我也可以就這樣算了，也能過得不差。但是我有上萬的員工，這些跟我做事的兄弟，他們要怎麼辦？我的夢想是，每年給鄉村的學校建一座圖書館，這就推動我必須繼續賺錢。

二〇二一年度總結報告時，面對未來，俞敏洪說：在不確定性中做確定的事情。所謂確定的事情，就是永遠做有價值、幫助別人、幫助社會進步的事情，即「修煉自己，造福他人」。他還堅持，一定要努力工作、努力學習、努力尋找新的方向。於是，年近六十的他又找了一個新的目標——直播。他成立了東方甄選，帶著他旗下的補習班老師們重新出發，協助銷售偏鄉農產品。俞敏洪的行為讓網友們感動不已，紛紛爲新東方點讚，稱俞老師這是體面人的退場，是條漢子。甚至有人說他是「自己淋雨還想著爲別人撐傘」！

俞敏洪與搜狐的執行長張朝陽在直播節目《星空下的對話》中說道：每個人都在半山坡待著，稍微不小心一步走差就會往下滾。人生就是逆向爬坡，每一腳都要卡住，不要滑下去。

看得開，就沒有什麼可以難得住你

不同的年齡，面對無常，當下可以有各種各樣的選擇，但沒有最好的答案。看得透，想得開，放得下，這樣才能從繁雜的生活中解脫出來，過好自己當下的生活。不管昨天多麼的精彩，已經成爲過去；今天再忙碌，也別忘了享受當下的美好；明天是未知，會存有希翼但不須過多期盼。

生命中，總會有得，也會有失。看得淡，才能隨遇而安；看得透，才能豁然開朗；想得開，才能寬容大度；放得下，才能知足常樂。只有學會萬事淡然處之，心靈才會通透，心智才會成熟，心胸才會寬廣。

「人有悲歡離合，月有陰晴圓缺。此事古難全。」人生不如意事十之八九，老天總會給你點磨難，再讓你堅強；給你點失敗，再讓你釋然；給你點壓力，再讓你知足；給你點傷害，再讓你放下。努力了，就無悔，試過了，就無恨。這一生，沒有一帆風順，有的只是樂觀的心態；沒有過不去的坎，船到橋頭總會自然直，總會柳暗花明又一村，總會無心插柳柳成蔭。熬過去，一切都會好起來。人生，不過是一場陰晴風雨，遇到再難過的事，不過是想開、看開、放開。

27°
不必每一件事都講求「有用」

當想的太多、太滿，心重了，執行力就會變弱了。如果你要做的每一件事，除了達成目的還要講求各種利益，只盯著眼前，不是會忘記遠方，就是會忘記自己。

斤斤計較得與失，眼界和內心都會變得狹隘

多年前做生意時，我常跑廣州火車站。魚龍混雜又熱鬧的火車站，會有很多肢體殘缺的人在乞討，或者小孩子帶著玫瑰花求路人買下，每走三、五步就可能會遇上一個，那些畫面令人怵目驚心。我每次經過那裡都會加快步伐，趕緊走過。直到有一次，一位友人陪我去進貨。

他每看到一位乞丐，必定會留下幾十塊的零錢給對方。一直到身上的零錢都散完了，僅留最後一百元在身上。我告訴他：這些人有可能是騙子！他們說不定比我們還有錢；另外一些人，則可能是被拐來的，被騙子打成缺胳膊少腿的殘障，替騙子騙錢。你每個都給錢，有可能被騙，也可能是害了他們啊！友人說：不管他們是不是騙了我，也不管我給他們錢結果會如何，我只是出於悲憫之心，做了自己認為該做的事而已。萬千大眾之中，我也許給過千萬個人一些小錢，萬一眞的幫助到其中幾個，那我也就不負我自己的心了。

他給我上了人生中很重要的一課：勿以善小而不爲，勿以惡小而爲之。從此他也成了我人生中重要的朋友，哪怕幾年不見，一個訊息、一通電話，都能給予對方很好的人生建議，他成了我亦師亦友的知己。因爲我們知道，彼此都是發自內心的善良、坦蕩、不自私的人。

人生中不是做每一件事都要有世人皆認同的意義，或是和自身利益密切相關的目的。斤斤計較的付出，不僅會縮小了自己的世界，也會讓自己的內心變得狹隘。比如你靜下心來讀一本書，它或許是一本小說或一本雜談，於你的生活和工作無關緊要。你去讀它，並不是一定要從中獲取什麼見解，得到什麼有用的知識，你去讀它只是純粹地因爲喜歡，想去閱讀，從而體會書中的喜怒哀樂與趣味。最終如果有所獲得，也就像旅途中偶然撿拾的野花野果，是意外之喜，而你開啟這段旅途不過是因爲興之所至，想去看風景罷了。假設你要讀的每一本書，都要是有用的書，那麼讀書也會變得寡淡無味吧。

在做事情的時候，如果先預設了立場，比如做這件事我能得到什麼？它對我有沒有很好的回饋或者幫助？跟對方相處時刻意表現會帶給我什麼？……這種功利型的思考模式，在工作或者事業上，或許會帶來相應的收穫，但是，在日常生活中，如若每一件事都斤斤計較付出與收穫，帶著「要有用」的想法才去做，那會喪失掉生活中的很多樂趣，也會讓人束手束腳、丟掉非常多的機會。

本著善良的初心去做一件事，無需計較、煩惱太多，哪怕遇到困境也能迎刃而解。天下無難事，只怕有心人，想到了就去做，不用管別人的眼光，不要給自己太多的束縛。也不要將得失和損益、困難和阻礙看得過於重。以大愛助人和付出的心，一點點的去做成事情、幫扶他人，而不是顧及太多自身的利益和目的，就能擺脫讓自己深埋在利益的泥淖中縛手縛腳的困境，保有最美最善良的初心。

帶給他人美好的同時，也是豐富了自己的人生

父親退休後，每天都去環保站當志工，負責招攬新的志願者、垃圾分類教學等事務。一點都不比退休前做生意的時候輕鬆。可是他現在身體非常好，每天都很快樂。他說：年紀大了，還是要爲我們賴以生存的地球做一些事情，讓我們生活的環境越來越好，給下一代一個好的環境。

有一位相識多年、親如家人的姐姐，從餐飲業退休之後，也加入了慈濟，開始幫助孤寡老人以及孤苦孩童的行善生活，在力能所及的範圍內幫助募集他們生活所需的資源。加入慈濟後，她的退休生活反而比以前工作的時候更加充實，在這種無私的付出當中，她也找到了許多的快樂。

總有一些人，每一件事都會急別人之所急，想別人之所想，所有的出發點都是想要讓那些弱小、不幸之人過得更好，這位姐姐就是這樣的人。我曾經問過她：妳這樣凡事都爲別人想，會不會太累啊？她回我：我做的每件事，都無愧我心啊。這樣我才能吃得好、睡得著。再難的事，過去了都能有陽光普照；因爲不虧不欠，才常有陽光明媚舒適的日子。

每一個人都有他存在的價值與意義，我們在勞作和付出的時候，感受到的自我價值感的體現，才會讓生命充滿朝氣。贈人玫瑰手有餘香，幫助別人，也是幫助自己；我們帶給其他人的美好，也能淨化自我的內心，讓自己的人生豐盈有意義。

人生的風景不是計算和衡量出來的，是往前走出來的

有時候你有一個遠大的目標，但當下你看不到遠方，不知道結果，這時需要的不是停下來蹉跎或者猶豫，或反覆思量利弊得失，而是開始去做就對了。這世間永遠沒有完美這件事，你即使用去一生的時間，使盡全部的力氣，也得不到一百分的過程與答案。踏出去的第一步，摸索中走出的每一個步伐，才是眞實的人生軌跡，才賦予了你生命中的歲月以滿滿的意義。經歷的過程，就是人生的本眞。

很喜歡一位哲人說的一段話：人生的意義是什麼？很多人都在探求人生的意義。其實，人生沒有意義。但是人不願意承認這一點，不斷追尋著答案，並且希望做很多事來賦予人生意義。

如果你做每一件事之前，就先將每一件事都賦予了特定的「意義」，設想好結果，計算清楚自己的獲得，那麼你不但不一定能達成這個結果，還會喪失掉許多追尋過程當中的快樂與體會。

不需要太去強求結果，只要帶著向善的心，滿懷熱情與感恩地出發，就會有對這個世界有益的付出，和對他人有幫助的言語和行爲。最終你會發現，你所做的一切都是值得的。

站的位置越高，懂的越多，責任也就越大。而一個人所有的成就，都是被責任慢慢餵大的。社會上每一個有成就的人，都「養活」了非常多的人，他的員工、親屬，還有慈善團體等。而越害怕付出的人，心胸越小，世界也會越小。每一個能懷有同理心，願意付出、幫助別

人的人，都是心胸寬闊之人。心胸越寬闊，世界越開朗明瞭，路就越走越寬。而做每一件事，都抱著特定的目的，或是想要爲自己謀求利益的人，卻容易陷入只顧衡量利弊得失、舉步不前的困境，也錯失了人生中的許多樂趣和意外的驚喜。放手去做吧，舉凡有一點對世界、對他人的幫助，都是自我存在的價值和意義的體現。放下了我執，才會看到更寬闊的天空，日子也會更加舒暢和明朗。

28°

避免精神內耗、思緒發散帶來的焦慮，活在當下

如果昨天是下雨天，你可能會想明天出門要帶傘，結果隔天帶著傘出了門，卻發現今天是陽光明媚的日子，傘成了累贅，毫無用處。於是你開始抱怨，早知道就不要這麼麻煩，多帶一把傘。昨天的我們，時時刻刻在想著明天的事，擔憂煩惱一些很可能不會發生的未來。

自從睜開眼睛看到周邊的世界開始，當腦袋開始學習思考、開始運作，它就似乎成了一台忙碌的機器，半刻都不想休息。一面走著，一面張望，時常想像著明天與未來。從不同角度出發，你會看到很多不同的人生面向。從外在的對待事物的感知和選擇，到內在的思維、情緒和感受。

過度思慮會讓你身心俱疲

常常會處在一種狀況，我們的腦子不停的在轉動，處理大量的資訊，沒有辦法放空，完全閒不下來。這就會導致，我們特別容易產生一種狀態，就是「想太多」。

我們往往會過度憂慮未來可能會發生的事，以及當下處理不完的雜事，無法清楚梳理眾多事物的邏輯或先後順序，變成精神內耗。

比如：想集中精力工作，腦子裡卻總是不由自主地湧起各種雜念、煩惱和擔憂，讓自己分心；手邊有四、五件事情要在相近的時間內完成，腦袋在做著這個的時候想著另外幾件事，對逼近的時間線感到焦慮，結果反而什麼都不想做，直接拿著手機刷起短影片刷到停不下來；遇到一點點小事也會想很多，常常思維發散，翻來覆去地想，嚴重的時候甚至會影響睡眠；買東西的時候常常會有「選擇困難症」，特別難以做出選擇，對所有選項顛來倒去地思索、權衡，耗費大量精力；生活中總是下意識地對很多事情保持警惕，遇到新事物時，第一反應永遠是「會不會有問題」……

這種感覺其實非常非常地痛苦，因爲我們把大量的腦力和精力，都用在應對這些腦海裡不自覺產生的想法上，於是，在生活中，大腦幾乎都處於一種「滿載運轉」的狀態。因此，一天過去，即便似乎沒有做什麼特別的事，也容易感到疲憊不堪。尤其是當需要做出決策、採取行動的時候，這種現象更加嚴重。

心理學上把這種現象叫做「過度思慮」，也就是「精神內耗」，大腦疲勞。大腦雖然只占我們身體體重的2％，但是要消耗掉我們20％的能量，它是一個特別耗能的地方。

走神與發散才是大腦的預設模式？

如果你沒有做什麼事，你依然覺得特別疲憊，這裡有一個非常基礎的生理機制，叫做DMN（Default Mode Network），預設模式網路，它是一個低激發態、擴散式、隨機遊走的網路結構。它會隨機啟動大腦中潛藏著、被壓抑的記憶和概念節點，讓它們「浮出水面」。反過來，當我們專注在某個任務上面時，這時激發的大腦模式，叫作TPN（Task Positive Network）。它是一個高激發態、集中式的網路結構，會集中啟動跟當前任務相關的區域，抑制其他區域。

DMN是大腦正常情況下的預設模式，TPN才是「非常態」的模式。也就是說：只要我們清醒著，大腦就會一直「走神」，一直在應付內心各種躍出水面的念頭和想法，不斷地反芻著它們。

許多人會認為：大腦在專注工作時耗能會特別高，休息時耗能會很低。但實驗結果與此大相徑庭。在專注工作的時候，大腦的耗能大約是全身耗能的百分之二十五；然而，令人跌破眼鏡的是，在休息的時候，哪怕參與者什麼都沒做，只是躺著發呆，大腦的耗能也達到了驚人的百分之二十，並且這個數據在一整天裡都十分穩定。這背後的元兇，就是DMN。我們好像一整天什麼都沒幹，但實際上，我們的大腦正忙於應對種種「躍出水面」的想法、念頭、思緒，忙著把它們安放好，讓心境保持平和，讓大腦保持有序……

所以有人把DMN叫作「大腦的暗物質」，就是因為它就像宇宙的暗物質一樣，在我們看不到的場合，依然佔據著大量的資源和空間。將人腦比作電腦，如果你「後台」裡裝的事情很多，哪怕你看起來在休息，大腦的耗能也一點都不比專注工作時低，甚至可能還會更高——因為你需要消耗更多的能量，去抑制這些「反芻」所產生的負面情緒，比如內疚、後悔、擔憂、焦慮……

（節錄自〈總是容易想太多，怎麼辦？〉人人焦點，2020/12/15，作者／L先生說）

DMN可以畫出你想要的情景和藍圖，也能迅速搜索大腦各處，將大腦每分每秒所接收到的資訊進行篩選，並加以判斷，聯繫、對比，最後整合到「我們的一生」這個「檔案」裡，成爲「自我」的一部分。它讓我們更有共情力，並能夠用情景式的思維做出決策，甚至會延伸出很多的創意，構建出不同維度的世界。它不是一無是處，但它發散的思緒會給我們帶來焦慮，也是精神內耗的元兇。

而要如何避免精神內耗、思緒發散帶來的焦慮呢？

第一、學習感知自己的想法：如果有了負面想法，要能夠感受得到它，不是排斥而是要接受它。

第二、把行動當做第一要務：如果一件事，你想不到「不去做」的理由，那就Just do it!「去做就對了」。行動力可以省去你發散思維的時間，避免過多的思慮。

第三、提高自己的專注力：可以利用正念呼吸法，體會呼吸過程裡的感覺，每次持續十至十五分鐘。正念練習可以讓自己精神淨空，能有效提高自己的專注力。

最後、學習轉換注意力：在做一件事持續了一定時間後，當感到倦怠的時候，不要在既有的事情上糾結，轉換狀態去做另一件事。一件事可以分成幾個小區塊，分批次逐一完成。

很多時候，人生的突破都是在行進中發生的。它或許不來源於未來，也不來源於未知，而在於你眼前的當下。專注在當下的每一個環節，讓大腦的TPN發揮機制，讓DMN減少干擾生活的時刻。眞正能夠堅持下來的「專注」，一定不是強迫大腦去集中注意力，而是通過微小的挑戰，讓大腦在一次又一次的「闖關」中，不斷獲得成就感的獎勵和推動，自覺地、享受地進入「心流」的TPN狀態。

讓每一個當下的閃亮像光源照亮整個人生

不思考與太多的思考，都會衍生很多思維中的雜草。我們在每個時間點想法都會不同，遇見的情景、面臨的選擇、選擇的結果也都不盡相同。這些選擇逐步構建了當下、現在的自我，而這其中一些閃亮的、榮耀的、發光的節點，被我們稱爲「高光時刻」或是「小確幸」，堅固地支撐著「現在」這個維度。過去的每一個時間點、每一件事都成了它有意義的證明，它們都是骨架的一部分。

當下的存在，成了這個維度的起源。像一束光源，用最簡潔的自我能源，發射出最大的光暈，最大強度地照亮自己的未來。承認過去的選擇，認同當下的自我，努力用心地踏好腳下的每一步。想像的未來，都是昨天的明天，每一個走過的今天，才是我們應當投射專注力的對象。

珍惜得之不易的當下吧，如果可以安心地走好腳下的每一步，做好你想做的每一件事，長此以往，就能交出你人生最好的答案卷。

29°

寫給人生至暗時光

沒有一個人能永遠處在高光時刻。我們都有被太陽忽略的時候，站在烏雲下，前方一片灰濛濛，看不到前路，內心或許孤單而又無奈，更多的是不知所措。

一個人的時候，有多少次，淚水都快傾洩而出，卻只能憋在胸口，像一塊石頭，硬生生的幾乎要吞噬了自己。美麗絢爛的都是外在的光環，沒有那抹光的時候，就像沒了降落傘的跳傘，內心的憤慨只能像垂直落體的石頭，自我懷疑不斷打轉，好像溺水了一樣。

人生絕非線性發展，低潮也不是少數人的專利

明明可以做得更好，爲什麼就變成這樣？強烈的挫敗感，能吞噬掉整個靈魂。一個個通往失敗的小小決定，就像自己給自己挖了個坑，跳了一次又一次，卻還不斷不自覺的往下跳。失敗、挫折或打擊有時會接連來到，人生中的某段灰暗痛苦的時光，也許是一段長時間的低落、抑鬱、迷茫、自我懷疑，也許是一段伸手不見五指的「人生谷底」。一切在預想中明明可以更好的，過程爲何就是充滿了崎嶇的小路。偏來轉去，繞來繞去，始終找不到方向，掉入了低谷。離想像中的完美結果彷彿就那麼一步之遙，一切卻都成了泡影。有那麼一刻，深深的懷

疑：是我的問題吧？我到底該怎麼做才好？

還好，你的低谷不只屬於你，大多數人在一生中都會遇上那麼幾次。那是重新認識自己的一段路程。它很難走，它有千萬次會想讓你哭，讓你想放棄，讓你覺得自己就是笨、就是不開竅、就是運氣差、就是弱爆了。你看不見前面的路，看不到山頂，你只能一邊撥開雲霧一面瞭望，它崎嶇深遠，而你只有自己一人面對，沒有裝備。

沒有一個人的人生是線性的。前百度總裁陸奇曾說：「人生不是線性的，不要以爲一班車就能把你從現在的位置帶到你自己所期望的位置。」

「線性的發展」意味著：今年工資漲幅百分之五，明年漲幅百分之五，後年漲幅還是百分之五，接下去的每一年都漲百分之五，事與人的發展以某一固定速率進行勻速增長或減少。然而，眞實的世界卻是非線性的。

這個「非線性」的曲線，可能是冪次方指數型曲線，也許是拋物線，還有可能是一個劇烈滑落然後再迅猛增長的V型曲線。而幾乎每一個人，都無可避免的有過至少一段「劇烈滑落」的曲線經歷，那就是每個人人生中都必然會經歷的「至暗時光」。區別在於：有的人從那段「劇烈滑落」的曲線中站起來了，有的人卻再也沒有站起來，他的自信與勇氣在被「至暗時光」徹底擊碎後，就再也沒能回到原來向上的軌跡上。

「至暗時光」可能通往一蹶不振，也可能通往新的可能

這個世界上所有看得到的東西，其實都是由看不到的東西決定的。人的內在驅動力，往往就是拉開人與人差距的那根金手指。

前段時間認識一位新朋友Jack，他十幾年前在投資銀行做得有聲有色，年紀輕輕年薪已達千萬。與他第一次聊天，他就對自己的高光時刻侃侃而談，認識多少銀行企業家、買的房子裝潢有多奢華多漂亮、自己的薪資待遇有多好……可是，二〇〇八年一次金融海嘯，他們代理的業務一蹶不振，他的人生一下子從高處落到低處，從年入千萬變負債，不得不賣房還錢……本來很同情他的遭遇，畢竟人生低谷難熬，可是第二次、第三次……第N次聚餐聊天時，他每次都會說：唉，你沒經歷過高端掉入低潮，你不懂人生的苦、人生的難，你沒經歷過，你不懂。

我突然間驚悟，原來，他身處低潮十幾年，卻從來沒走出來。他的心還停留在高光時刻那幾年，而他的往後人生都是至暗時刻。他明明才四十幾歲，人生未過半，卻已活成了七老八十的樣子，再也看不見更好的自己。

誰沒經歷過一些苦難？爲何要把自己過去的苦難當成故事或者教科書，時時懸之於口？

佛洛伊德認爲，人類有一種強烈的潛意識，那就是渴望在他的一生中延續屬於他們關於情緒、思維、行爲和防禦的特定模式，在他們的內心世界一次次地創造同樣特徵的體驗，而他們本身對於這種不斷重複的行爲卻是一無所知。所以，人的行爲和思維往往會按最初形成的那個定式進行，不斷重複，而這種不斷重複的思維、行爲定式又往往是與潛在挫折和失敗緊密相連

的。只是絕大多數人在沒有遇到突如其來的挫折和失敗前，都不可能意識得到這件事，他們只是在一次次無覺知地重複著那些早已習慣的思維和行爲定式。

早已根植在頭腦中的人生線性發展假設，會使身處暗夜的人依然遵循過去的習慣思考，看不到前方的一絲光亮。但其實，前方一直有光。只是，想要接近並進入那光，你就得不停地往前走。你不能全然的否定自己，你得知道那些事情當中，哪些你是做對的、哪些是錯了。更不能把一次的失敗當作全盤失敗，拿來壓制自己。過去的一切都只是經歷，以及學習的一個經驗，它不是全部。你的未來依然受陽光眷顧，依然閃著光，你要給自己一個超前的願景，並且相信未來的那個「願景」。

當一個人處在黑暗時，如果他的注意力都放在當下的事情、環境上，很容易陷入囹圄，自怨自艾、甚至自暴自棄。然而，假設他能將目光與注意力放在「願景」上，就能夠發現人生新的機會與意義。

不要懷疑，每個人的人生都有自己的坎，自己的苦，自己的難。差別只在此時你的目光投向何方。放棄很容易，堅持很難。過去的都是過去，未來、你相信的，只要你堅信、持之以恆的去做，它遲早都會來。每個人的人生中都會有至暗時刻，或早或晚，或長或短，不要去比較、更不要去追趕，而是調整好自己的呼吸，慢下來，更清楚的檢視自己，相信有光的未來，相信黑暗總會過去的。

「至暗時光」是危機，亦是轉機。它會讓人經歷痛徹心扉，但是如果能著眼於自身的改變，而非執著於自己的過錯，它往往能從過去的習慣中喚醒，一旦喚醒，過去習慣的那個巡迴圈就會被打破，新的可能就會出現，你的認知水平很可能會跨越到另外一個層次，你也會看到屬於自己的朝陽。

每個人都有堅強、也都有脆弱，都有努力與怠懈，也有成長與停頓，關鍵的是，從不放棄自己，不放棄自己的夢想帶來的光，堅持下去，總會撥雲見日。

30° 隨時歸零

第一次吃到龜苓膏，看上去黑黑的，會有點心理陰影。即使加上糖水還是帶有一絲澀味，因此我並沒有很愛。可是上網一查，它好處太多了：清熱去濕、旺血生肌、止搔癢、去暗瘡、潤腸通便、滋陰補腎、養顏提神，是女性的美容養顏聖品……因爲好處太多了，雖然沒那麼好吃，看到它的時候，還是會買來吃一下。

龜苓膏是好東西，可以常吃，有利身體健康。

歸零，也是好東西，時常保持歸零的心態，頭腦清爽，做事更沒有包袱、更俐落。

背負太多過去前進，會變成面對當下的阻礙

前些時日，朋友問我，爲何可以在創業很多次之後還能有勇氣改變，選擇一條之前從未經歷過的路？如何能夠在新的職業生涯中找到樂趣與堅持？

大學畢業後，我就開始學習經營管理一家軟體公司，當公司逐漸步入正軌之後，我又想著做自己夢想的時尚，於是開始籌備自己的服裝公司。從品牌設計、店面裝潢、服裝風格以及廣告形象，所有的事都自己親手去做，那一年的生意也還不錯。後來遇到商場重整，也因爲要離開那個城市，才結束了這個公司。之後又陸續進入兩種不同的產業，直到找到自己喜歡的工作，才在職涯摸索的這一條路上停了下來。

「勇氣」是在環境變化之後、面臨改變時必然需要的。可是，如果要我來總結的話，我覺得最重要的是「隨時歸零的心態」。我們的人生是一個長期的累積，於是我們常常活在過去的經驗、光環，或者曾經存在過的舞台當中。只要燈光在我們頭頂打開，我們都希望自己停留在觀眾席上人最多、掌聲最響亮的那一幕。我們習慣在高光下停留，卻忘記了，時間流逝，我們的「觀眾」會倦怠、戲會看膩，同一場戲也總是會有落幕的時刻。按理說，我們可以走向另外一個舞台，開啟下一場精彩，但我們的包袱往往太重，讓我們難以挪開腳步。

歸零的心態，說起來容易，做起來自然困難重重。我們總是背負著太多的「過去」、太多沉重的包袱在前行，常常把自己擠壓在塞滿過去記憶的盒子裡，不留縫隙，讓自己喘不過氣來。當太多過去的東西存留，需要我們來比較與取捨，就形成了我們在面對當下時的重重阻礙。

歸零是為新的事物與未來留出空間

哲學家赫拉克利特說：人不能踏入同一條河流兩次，因爲無論是這條河還是這個人都已經不同。隨著時間往前行，每一分鐘、每一小時、每一天……，一切都在流動，沒有任何東西是靜止不動的，唯一不變的是「變」的本身。我們就是處於這樣一個一直在變化的環境裡，而我們卻習慣用「過去」的認知來面對當下，結果往往是固步自封，寸步難行，抑或是碰得頭破血流。

我是誰？這是很多哲學家都在思考與探索的問題。有一位哲學教授說：「我是誰」是一個終身的問題，答案是「走著瞧」。如果你要設定一個長期的目標，你是不是需要知道：我要的是什麼？我未來想成爲什麼樣的人？過去的經驗當中，哪些是有用的？而哪些又是已經消逝的、不再給予你幫助的？抑或是不再需要特別多的關注或者記憶的？

我們的大腦記憶存量是有限額的。我們每一天的生活，都面對著這個嘈雜的世界，面對著形形色色的人們指指點點的話語，碰撞出各式各樣的問題，很多時候應接不暇。特別是當我們面臨自己完全不適應、未曾經歷過的事情時，焦頭爛額、心力交瘁都是輕的了，不堪其擾的感覺，在每個人身上或多或少都有過，而且還常常會被糾纏得難以解脫。這些繁瑣事物都在耗損我們的腦容量。或許是因爲我記憶力不好，所以才能時常活得灑脫一些，不被過往所束縛。畢竟，光過好當下的每天，想著未來的事，就已經讓人筋疲力盡了，哪裡還有力氣去記掛過去的事呢？腦袋裡裝著的是未來，看到的是當下，過往的事，則一面走一面歸零。

這不是要你全部都忘記，而是要有不糾結、不貪戀的能力。在繁瑣的日子裡，偷得半日閒，進行心靈的自我淨化，給靈魂一些安靜下來的時間，像清理房子一樣，清理過往的記憶與生活。把更多的位置空下來，留給現在以及未來。有歸零的心態，才能夠讓大腦有足夠的想像力與創造力，才能夠讓自己接受新的事物、新的人，才能夠時常處於變化當中，而能處變不驚。

人生就是在一段有限的時間裡經歷的一段過程，佛學講因果論，有過去的因，造就現在的果；未來科學或者一些哲學裡講「果因論」，未來的果決定了現在的因。在時間穿梭輪裡，我們自然可以因爲相信、看到未來的果，所以著重當下，種下現在的「因數」。過去的成功也好、失敗也罷，開心快樂也好、傷心難過也罷，所有人事物都屬於時間已然帶走的碎片，都屬於「不再存在」的事物，我們無從拿來與現在比較，也不具有任何意義。它們存留的只是曾經的體驗過程，不必變成一生的綑綁與束縛。

我很喜歡抖音老闆張一鳴的那句話：平庸有重力，需要逃逸速度。我們都要有逃開「生活重力」的能力，清理好過往的殘留，保持內心的清靜，維持學習和接納新事物的空間與彈性，才能夠輕盈的繼續前行，看到不一樣的人生，創造人生的另一波高峰。

時刻保持歸零的心態，或許能讓你的精神生活或事業都更容易注入新的血液與活力，更能夠大膽創新與做出改變。榮耀或者美好的愛情回憶，都是屬於過去的，可以緬懷，但更要及時歸零。放下過往的包袱，才能更專注於當下，享受到當下的溫馨與幸福快樂；也才更能知道自己想要的是什麼，有更多的心思去關心未來的成長與發展。美國作家、哲學家梭羅在《瓦爾登湖》中寫道，一個人越是有許多事情能夠放得下，他越是富有。

因此，就給自己一個屬於自己的時空，讓自己隨時能夠歸零吧。

CHAPTER 6

——我們

每一段關係，都有一個適當的溫度與距離，

不冷不熱，不遠不近，我需要你時你在，
你需要我時我聽得見、能回應，

這就是最舒適的一種狀態。

31°
轉換視角，人與人並無太大不同

第一次登上東京鐵塔，從高聳的樓頂往下望去，整整齊齊一排排的現代建築物映入眼簾，一切都是那麼的陌生又熟悉。走在擁擠的街道上，四處看去，人群熙熙攘攘，穿著不同的裝束，面帶不同的表情，走向各自的目的地，每個人都是不容忽視的獨特、獨立的個體。

人時常會因爲別人的特別而感到羨慕，因爲別人的美貌而自卑，因爲別人的富足而嫉妒，因爲別人的熱鬧而感到孤單寂寞……因爲別人擁有的看起來總是比自己更多，因爲別人的生活看起來總是那麼豐富和有趣，而自己往往是孤單的、庸碌的，日復一日過著或焦慮辛苦，或索然寡味的生活，沒有「自我」。

當站在高處，遙遙注視著映入眼簾的一幕，彷彿突然來到了迷你世界：鋼筋混凝土構建的巢穴遍布城市各處，密密麻麻、方方正正，似蜂窩，也像鳥籠。而曾經近距離看到的「獨特的人們」，此刻在我眼裡都變成了視野中微不足道的螞蟻」。

換個角度，就是另一個平行世界。我們可以是這世間獨一無二擁有大ego（自我）的獨特一員，又可以是另一個世界中渺小如塵煙的存在。這個世界，是多麼神奇。人與人，並無本質上的區別。

我們真的渺小，而偉人們真的特別嗎？

你有沒有這樣的感觸？當走在摩天大樓之間，會感覺周圍的建築都是大象，如巨獸林立，而自己像一隻小螞蟻，一抬頭就會喘不過氣來，感到自己孤單又渺小，無力一人應對這個龐然大物一般的城市，壓力和恐懼一時間齊湧心頭。周圍有太多的未知，熙熙攘攘的人群，釘在軸承上的形形色色的工作，還有像黑洞一樣不可探尋的各種見解、問題，很多事物於你而言都是「遙不可及」的，讓人迷茫失措。

你會懷疑自己的位置，懷疑自己的人生意義，懷疑自己訂下的目標，懷疑自己的選擇。很多時候，你會把自己放在一個天平上，跟周圍的人比較，崇拜和仰望電視裡、報章媒體上的各類人物，每個人都被渲染得能力十足，魅力無敵。低頭看看自己，就覺得自己一無是處了。你的工作並不是你想要的？你想要更好的？你的愛情是不是可以更完美？這時缺點會被無限地放大，自我會被無限地縮小。螢光幕裡的那些被歌頌的人們，似乎天生就武功高強，魅力四射，不可比擬。

一步一步走來，一寸一寸地追尋。行過生活，問過內心，繞過海馬迴，其實，我們都一樣。不論是誰，在這個世界，從另一個角度看，都沒有高低區別。在這個嘈雜、鋼筋混擬土的構建物組成的世界裡，不論是巴菲特、馬雲、川普、普丁……「我」原來有一群夥伴，目之所及到處都是，無一例外。生而爲人，同樣兩手兩腳，沒有一個「偉人」多出一套三頭六臂來。

曾經在你眼中，他們非常偉大和特別，只是因爲他們做出了一些事，而「迷茫的那個你」站在原地，什麼也沒做。時間是一樣的，事情的眞相、原理也是一樣的，關鍵在於他們很早就領悟了，他們沿著那個軌跡一直在做「正確的事」。而你，卻一直停在那裡。

未來未知，但我們並沒有想像中的孤單

從小一起長大的友人，時常抱怨自己出身過於平庸，父母什麼都不能給她，反而需要她早早承擔起生活的壓力。讀大學的時候，她需要兼職做家教來貼補自己的花費。我舉一些早早出來賺錢養家的女星為例來鼓勵她，她卻說：這怎麼一樣呢？我沒有她們的美貌，也沒有那麼出色的才華。

畢業後，她按部就班地做了國中老師，卻在年復一年的重複中厭倦。她羨慕大學教授的生活，多麼體面、自由；也羨慕商界精英的生活，高收入又充滿挑戰。「也許我本就該這麼平庸吧。」她羨慕著別人，又無奈認命道。

如果不是她的導師突然傳訊息說有個博士班的機會希望她能爭取，也許她這一生就會這樣平平無奇地在怨懟中度過了。好在，每個人的人生都有些大大小小的奇蹟，更有許多不得不克服的困難和挑戰。她後來在各方權衡之下，選擇繼續去讀博士班，為了成為大學教授又多邁出了一步。

未來會怎樣呢？我們都不知道。沒有一個人敢說他知道三年後的自己是什麼樣子。我們都一樣，用相同的時間，去探索未知的生活真相。只是用的方法不同罷了。只能在既有的認知裡，不停的疊加新的認知，一步一步的往前推進，那就是人生行進的方向。

變動，則像地球的自轉一樣，是必然的存在。只是，我們都被慣性所吸引，習慣了一種生活，習慣了一種愛，習慣了一種方式，就想牢牢的握住、不改變。時間往前前進，你還把過去的事物捏在手心裡不改變，結局就是相對論裡的倒退。放掉的是執著，迎來的是前行的未來。

外在的差異如浮雲，人與人的差異其實很小

能想像嗎？在另一個時空，平行世界裡的我們。或許他們眼裡的我們，就是小小世界裡某個固定程式上的玩偶。每個人對遊戲規則的定義、理解不同，但是，我們不會離開這個遊戲。我們會沿著時間軸，按照規則，扮演好我們的角色。我們不需要恐懼，也並沒有想像中那麼孤單，不論身邊是否有人同在，你都與這個世界上的所有人同行，任誰都無一例外。

我們與螞蟻的區別是，人人都是工蜂，只有工頭，沒有蜂王。也許每個人所處的高度和位置不同，但各自都有各自的苦難和歡欣，從另一個視角或更高的維度看，我們沒有太多本質上的區別。

當你認識到這些，或許會少很多抱怨。你會想把時間更多的花在自己想要的生活上。離開此刻，往前邁出去一步，喜歡的事物都會在前方。當你知道，你與任何一個有所成就的人並沒有太大的實質上的區別時，你才能夠完全地相信自己，不會被外圍的「階級」、「壓力」所束縛，才能勇敢地去創造自己想要的生活。

只需要轉換一下視角，用不同的角度去看待自己的人生，及世間千千萬萬個他人的人生，就會發現，我們都一樣，我們都是這個世界上渺小而獨特的一粒沙。認識到渺小，認同渺小，

可是我們也有自己的豐富多彩、勇敢與獨特，即使要一個人面對自己的未來，也可以滿懷雄心壯志。我們每個人手裡握著的，都是自己的未來與幸福。

32°
給曖昧一個Deadline

以前的戀人關係，有夫妻和情人，不知從何時開始，多了一種叫「曖昧對象」。

又甜又酸的曖昧關係

友人A認識他三年多了，常常小心翼翼的等待著他的出現。雖然以很低的姿態喜歡著他，但又礙於面子抑或是等對方開口，從未對他說過喜歡。男生時常在線與她天南地北胡聊，偶爾還會認真的報備自己的行程，想起來的時侯也會關心她的三餐是否吃飽喝足，天冷是否穿暖。A覺得男生是在意她的，他給自己留了一條通往他世界的小船，讓自己可以隨時上船。

但是男生從來沒有對她說過喜歡，更別提愛了。有時候男生會從這個世界消失一週、半個月，是那種毫無徵兆、毫無訊息的消失，每次都讓她擔心緊張得要死，莫名的不見後又不經意的出現，男生都能當作若無其事的樣子，她卻每天心裡空落落地去面對沒有他的空白時光。因為沒有名分，不是男女朋友關係，似乎連問他去哪裡做什麼都沒有理由。

這艘小船沒有目的地，只能漂流在他給的似有似無的世界中。

A常跑來跟我訴苦：他到底喜不喜歡我啊？他到底有沒有想跟我在一起？我們常常聊那麼

久，好多話題都可以分享耶，我們在一起很開心的。他應該是對我有意思的吧？到了男生消失不見或者冷淡的日子，她總會極度消沉，猶豫要不要繼續等他表白。並且，他們這幾年來，從來都只有分享快樂開心的事情，生活中她遇到的很多難關都是自己一個人默默挺過。每次說給他聽，他都是避重就輕立刻轉移話題，從來不給她訴苦的機會。這種反覆不穩定的關係，讓她煩惱不已，卻又無法自拔。

這個世界上不是只有快樂，還有更多的悲傷與消極的挫折。愛情不是只有分享歡樂，它更多的意義是，在你面對各種難過傷心與挫折的時候，對方能夠懂你、挺你、信任你、陪伴你，給予你溫暖與支持，一起走過困境，還能攜手並肩成長。

我很想直白的告訴她：小姐，他沒有喜歡你，他只是在寂寞無聊的時候，覺得有你陪也不差。有些人是需要備胎，而有些人是不想定下來負責任，當然最關鍵的還是他沒有很喜歡你。所以，不開口不提不表白，就這樣曖昧不明的與還可以的你維持著這種差不多不冷不熱不暖不冰的關係。

暗戀一生是故事裡的事，我們有我們的現實

年輕時的喜歡、暗戀都是光明正大的事。你偷偷的喜歡哪個男生哪個女生，都是全班以及周邊的人都知道的事。喜歡得久了，若對方沒有反應，一定要表白心意，讓對方知道你的眼裡心裡有對方。如果對方還是沒有什麼反應，堅持得久的會追個三年、五年，覺得自己沒戲的，

轉身擦完情傷的淚，就去喜歡別人了。

都說有情人終成眷屬，是的，有情有緣的早早在二十幾歲成婚的年紀就成了眷屬，琴瑟和鳴，生兒育女奔著一生一世去了。但是終究還是有許多的人，過了三十還沒有遇到眞命天子天女，成了剩男剩女。

大多數人，都是有原則、有堅持的，他們是選擇了剩下，選擇了單身，不婚或者不育。很少人是被剩下的。現在這年頭，有誰喜歡一個人能夠喜歡到卽使對方毫不在意、毫無反應，還喜歡到天荒地老，爲她一人終生不愛不娶不嫁？《神雕俠侶》裡，也只有一個郭襄，爲了那個一見鍾情的楊過大哥哥，一生不嫁，開創峨嵋派；民國也只有一個林徽因，可以讓金岳霖等了她一輩子，以好朋友、鄰居的身分陪在她身邊一生。故事裡的這種暗戀、單相思一生一世，是背負了很沉重的感情包袱的，其中的五味雜陳，我們不得而知。

但是，現實生活就是眞實的現實。過了三十而立的年紀，你遇到喜歡的人，卻還不開口，天天猜測對方的心意，讓日子在指縫間獨自流逝，等待對方的回應，像個傻瓜。

給甜美的曖昧一個停損點

有些人的愛情是一見鍾情，也有些是見面幾次，有好感後就能單槍匹馬的追求。曖昧不明的關係，在前幾個月，或許有種處於朦朧狀態的感覺，也很浪漫，畢竟兩個不熟悉的陌生人被彼此身上的某些特質吸引，荷爾蒙上身的興奮感，時刻像小螞蟻一樣輕咬著內心，期待中也帶著些許刺激。

什麼時候能見到他？他好可愛，他怎麼那麼有趣？他怎麼還不讀我訊息？小鹿亂撞的這種期待，會讓血管噴張，在這種淺淺的喜歡裡，總會伴隨著對對方的些許幻想。這種美好，像是七彩的棒棒糖，甜甜的，還閃著光。

如果你十幾歲，那真是美好不過了，你有大把時光可以浪費，好好地享受這種心情；如果你二十幾歲，雖然會多一些患得患失，但還是不急著穩定下來的階段，自然還算是隨心所欲；如果你三十幾歲，目標是結婚生子，想認真的找一段穩定的關係，那麼，三個月過後，他還是不開口不表明，就淡了吧。

時光不會等著我們慢慢變老，它一瞬間就消失不見了。我們都要面對生活的實境秀，面對大把的瑣碎日常，面對生活中的磕磕碰碰。悲傷與快樂一樣，我們都想有人陪伴在身旁，有人可以一起分享。與其把自己放在一段捉摸不定的關係裡，不如讓自己抽離，去嘗試新的開始。

單身的朋友們，對未來如果有所期待，還是要給曖昧期一個停損點。或許對方有很多很優秀的地方，讓你戀戀不捨，但是，生活終歸不是鑽石，打磨得光亮，只要一同欣賞那份美好就好。日子是坑坑窪窪的泥土路，我們都需要有人偶爾攙扶，有人替我們擦去腳上的泥濘，有人陪我們跳過那些水坑。

離開曖昧，也沒有那麼難。是你的，愛你的人自然會來；不是你的，強求的結果，痛苦會遠遠大過於快樂。他告訴你他的行程，那也許只是他的表達方式，並不是在意你；他跟你聊得來，不代表他只跟你一個人聊心事。他的關心，或許同時也給了很多個人……曖昧在短期內會帶來幸福感，但長期下來，就成了時間的殺手，成了毒藥。

生命裡沒有那麼多美好，更多的是蝨子搔癢。將太多的時間心思給了別人，就會忘記自己，特別是這種只有錦上添花，沒有雪中送碳的關係。何必浪費大把的時間，換來自己的傷心？沒有喜歡，沒有更深刻的歡愉，也沒有進一步負責與承擔的意願，那麼就不需要花更多時間，也不需要付出更多的心力，回到朋友、自己舒適的位置，最好不過。

到此為止，才能各自安好

友人A終於醒悟了。對方每天丟訊息來，她不再像以前一樣立卽已讀，她也開始慢慢回其訊息，或者已讀不回。如果對方還在丟球，她也學會不再時刻等著撿球丟回去了，而是靜靜的看著球在地上滾動，還能無動於衷。

或許有人會說，時間寶貴，就是要同時與很多人曖昧，才能快速找出哪個更適合自己啊。但凡是讓你比較了太久的感情，總是會有人成了你的白月光，而有人成了心頭的硃砂痣，有的歡喜，自然有的受傷。

我喜歡你，是只關於我的感受，不關乎你。這種事留在曾經的歲月裡最美好，年歲漸長的我們，就別再被歲月裡的曖昧禁錮了。往前走，一定會有另外一個人，滿眼滿心都是我。

給曖昧期一個Deadline，到此爲止，就是各自安好。

33°

我們都有一些丟失了的好友

如果能有三兩知己陪你走過一生，那是一件幸事。大多數時候，我們都像猴子掰玉米，邊走邊丟，一邊遇見一邊失去。回憶是一件不太友好的事，想起壞的會讓你傷心；想起好的，又會遺憾曾經有所丟失。

曾經有一段親密無間的友誼……

當我精心打扮，穿上時髦的長裙，蹬上優美的高跟鞋，從包包裡拿出口紅，對著梳妝鏡塗上嬌豔的桃紅色——是MAC A92，真好看的顏色。

我又想她了。

每當這個時候，總是會百感交集。說來也奇怪，這些年來，零零總總買過上百隻口紅，這隻到頭來還是最好看的，用了這麼多年也未曾丟掉。這是她送我的最後一件生日禮物，那時候我還沒有用過MAC，只用C牌跟D牌。是她說，這個妖豔的顏色適合我，整個有種高大上的高冷女神味道，我之前用的那些粉紅、粉橘，都太小家子氣了，不能襯托我的氣質。

那些一起瘋瘋癲癲風風火火，有事沒事都黏在一起的日子，想起來竟然已是十幾年前了。

那時候，她會抱著我的頭，親我的臉頰；我們會嘴對嘴，擺出恩愛的樣子拍照。她會說：No Zuo No Die。雖然相識時已成年，但我們就像一同長大一般親密。見了面就像小孩子一樣嘰嘰喳喳不停，討論誰的衣著好不好看，討論誰又做了什麼大事。

那時候，我們常在晚上單獨約去酒吧喝一杯。有一次，她很豪爽地包了歌手台下的桌子，只因爲她覺得那歌手很帥，想讓我可以近距離欣賞。但遇到那些對我拋媚眼、動手動腳的男人，她又總會毫不客氣的替我擋住。

這懷念又悵然的思緒，此刻也只屬於自己了。

在WeChat送出「想你」這個詞的時候，對面傳來的是「您非對方好友，請添加好友」。如果是以前的我對她說「想你了」，她會咯咯地笑出酒窩：丫眞好笑，丫太可愛了。她會邊說邊笑，帶著點好像已經參透人世紅塵的老人的智慧。

衝動的時候我好想打電話告訴她想她，可是我知道我不能。斷了的風箏，再也找不到那根線了；走丟了的我們，再也回不到從前了。我們怎麼就把彼此丟失了呢？

她總說，她永遠都記得第一次看到我的樣子。纖瘦的身材，穿了件橘色長裙，顯得人很出挑；一頭及腰的長髮，臉還特別白淨。她對我說，她第一眼就喜歡上我了。

那天，她跟她的好朋友在茶館聊天看書，而我去找茶館的老闆娘，我們有一位共同的朋友，他晚上請我們一起吃飯。這樣的機緣巧合，介紹我們認識的人後來都成了過客，而她跟我卻發生了好多故事。

我也記得她那天的樣子，微捲的長髮，化著淡妝，身姿苗條，白色連衣裙搭配一雙矮跟的公主鞋。她笑起來的樣子，知性中帶有一點小女孩的矜持，那麼好看。

那一年，我剛大學畢業，而她已工作了一年。我們同年出生，都是水象星座，個性卻差很多。她總是妙語如珠，反應速度特別快，裝扮總是漂亮又得體，還有永遠都精緻的妝容，像個公主，卻又精靈古怪，唱歌也特別好聽。而我呢，反應總是慢半拍，說話也很死板，總是習慣多想一點、少說一點，多了一些羞赧。她最常笑著對我說，你也太單純了。我們常一起逛街吃下午茶，一起學習打麻將，一塊錢的籌碼可以一玩一個晚上。

關鍵時刻，她也會站出來保護我。戀愛一年後，我就把愛情當作人生第一志業，去領證結婚了。可惜好景不長，我很快遇到了人生中第一個讓我崩潰又棘手的問題。一個陌生女人打電話約我，說與他有關。我毫無防備地赴約，見到一個非常美麗的女人，長得像韓國明星。我有點訝異，我不記得他說過認識這樣一個女子。她說，她是他的前女友，她知道他已婚，可是她愛他，他們還在一起。

那天外面的雨下得很大……我站在雨裡，站在車站前，茫然失措，只能一個人一直哭。打電話給她，她好生心疼我，冒著大雨跑出來找我，陪著我渡過那段很艱難的日子。後來，是她用公用電話打給那個女人，狠狠地幫我出了一口惡氣。她也是第一個這樣不在乎自己顏面，全心全意保護我的友人。

走著走著就散了

不管十歲、十八歲，還是二十幾歲，或許我們都曾經遇到過那樣一個她，我們的個性完全不同，但就是能親密無間，無話不談，在彼此的人生中留下濃墨重彩的一筆。

但時間是把無情的刻刀，歲月會變長，人心會變老。而我們的青春歲月，都被生活磨成了另外的模樣。從此，她們過著幸福快樂的生活——童話故事裡的美好結局，或許只能出現在童話故事裡。很多友情，可能都毀於一道名爲現實的坎，彼此之間的各種差異，會在一次次的累積之後，在某個時間點掐斷彼此的聯繫。很久之後，我才明白這個道理。

我們一見面就手牽手的日子維持了六年，中間卽使身處異地，只要回到有她的城市，我們還是能黏在一起。只是後來，不見面的日子越來越長。不知道從哪一天起，我的朋友圈再也看不到她任何訊息。我發訊息過去，發現我們已經是「非好友」的狀態了。共同朋友問我：你們怎麼了？說實話，我也不知道我們怎麼了。

小時候以爲友誼可以天長地久，長大了才知道聚散離合才是人之常情。在某一個時間點，兩人之間的頻率相合，就互相陪伴走一段路。如果不再一起成長互動，自然走著走著就散了。或許有人生活際遇變了，因此兩人走向不同的方向；或許彼此的生活重心不同，越來越沒有共同話題；抑或是相處的時候某些不經意的話語傷害了對方而不知覺；或是某一方生了攀比嫉妒之心，因爲對方過得比自己好而心生怨懟；也可能是因某一件沒有共識的事情生了隔閡，從此漸行漸遠……我只知道，我們再也回不到過去了。

那枝桃紅色的MAC成了我的經典色，承載了關於她的所有記憶。

會不斷失去，也會有些新的人再來到身邊

在雲南部落裡，未出嫁的女子都會有一個「老同」，就是彼此陪伴的女生好友。全智賢、

李冰冰主演的電影《雪花祕扇》，完美詮釋了老同分別之後的人生道路。即使再好的閨蜜，也難免有讓彼此生氣、難過的時候，但是只要抱著爲對方著想的心，互相體諒，一切不愉快都會得到化解。不想你難過的人，就不會讓你受傷；尊重你的人，凡事都會問過你的感受，而不是自以爲是地替你做決定。健康的友誼，是互相學習成長，互相鼓勵，給予對方關愛與支持，是能夠敞開心扉溝通的。

因爲重要過，所以才傷心；因爲在乎過，所以才難過。人的一生如此短暫，能眞正走入內心的人屈指可數，能遇見頻率相合的人都是緣分，能互相陪伴、眞心相待走過一段路，都是值得珍惜的福分。

如果有一天彼此走散了，就送上最眞誠的祝福吧，希望她以後的人生皆美好順遂。

兩個人的步伐很難保持一致，成長未必會一直同頻。能有共振的好友們，能彼此陪伴一程都是難能可貴的。友誼，讓你的生活更飽滿、多姿多彩，更充實溫暖。

我們都需要三五好友在身旁陪伴，有一些依然會走著走著就丟了，但又有一些新的朋友，走著走著就來到了你身邊。許多朋友，註定只能陪伴你走過人生的一小段路，然後與你漸行漸遠。我們未曾將告別宣之於口，只是默默地感到遺憾和悵然。但是也不必追，會離開的終將離開，我們能做的，只有珍惜當下的朋友，珍惜此刻觸手可及的美好。

34° 要懂得拿捏人與人之間的界線

毫無界限感的實例

有天晚上八點多，我正準備去看醫生時，一個陌生號碼打了過來。

我：喂，你好。請問您哪位？對方：我是您XX的租客啦。我想跟你說一下，我這邊的資金沒辦法這麼快解決，你押金的部分可不可以讓我再延一下，二十三、四號就應該差不多了……巴啦巴啦講了一堆。

我當時在趕時間，診所八點半就關門了，我只得及時打斷對方：不好意思，你這樣做會造成我的困擾。對方：不會啦不會啦，十幾萬而已，你通融一下就好。我內心很多OS：既然你覺得金額不多，爲何不直接付了就好？我憑什麼給你通融？道理何在？況且，這已經不是第一次了！

於是我說：不好意思，我現在很忙，請你跟仲介討論。過了沒多久，仲介打來，敍述了對方的要求。仲介小姐非常認眞地跟了這間房子半年多，帶很多組客人來看過房子。我直接問她：你遇到過這種事情嗎？覺得合理嗎？

第一，這個客人付完訂金後，要簽約時整整改了三次時間。我每一次都把時間留下來，結果每一次都被臨時爽約。現在這個社會，每個人的時間都很寶貴，這位租客每次都在快到約定時間的時候，才通知說自己有會要開、不能來，實在是很沒有禮貌的行爲。我理解她的爲難，可如果眞的事務繁忙，可以約晚上或週末、確定不用工作的時間。

第二，她要求附上家電、家具，我都買好安置好。當時我希望她房租要開票，他們做不到，我也沒有勉強，但簽完合約後，不是該直接轉帳付押金跟租金嗎？結果這位租客大姐簽完才說：不好意思喔，我最近一筆國外的匯款被卡住，這個錢要晚點給你們，寬限我一個禮拜，解款完就轉給你。我們本來不需要這麼快找房子的，我之前那邊十六號才到期，我們十五號再搬就好的，都是仲介一直催。

我當卽就有些無奈和慍怒，這些情況難道不應該在簽合約前就講嗎？你有資金問題，是你自己的事情。素昧平生，又沒有任何交情，沒有人有義務出於好心給你寬限。

當時我還是詢問了一下仲介小姐，她說這種狀況也是可以再等幾天，看在仲介那麼辛苦的份上，我也希望她能拿到仲介費，於是便同意把押金延期到十五號繳付，但要求這個月的租金要先付，鑰匙會先給他們。

只是，當下就有一種被吃豆腐的感覺。事前不通知，簽完約才馬後炮，硬逼你吃下豆腐渣。事後，我跟仲介聲明，合約書請備註：如若十五日沒有給付押金，則合約失效，租金不退。押金付完整，合約才算有效。

當時以爲給了她這麼多的方便，後續應該能合作愉快。可惜，偏偏有人就是沒有界限感，分不清楚事情的黑白，更分不清楚每個人的權利與義務，自己出狀況就理所當然地要別人承擔後果，分不清人與人之間的界限在哪裡。有些人，你給她方便，她就給你隨便，完全沒有規則意識。合約書是用來執行的，不是用來唬爛的。白紙黑字寫下，也蓋了章，如果做不到，就不要簽，一旦簽署完成，就該好好遵守。

出租房子N次，我還是第一次遇到這種天兵天將。對人與人之間的關係沒有認知、沒有界限感，只顧著把自己的困擾說得天花亂墜。可是，我們之間的關係只在於這份明確的合約，有規定好的、雙方認可的權利和義務，還有雙方違約需要承擔的責任。租客按合約按時付押金和租金，我提供家具和家電，將房子的使用權在一定時期內讓渡給她，就這麼簡單。我之所以願意給她延期，賣的是仲介辛苦半年的面子，跟她並無關係。如果資金有問題，可以去尋求朋友和家人幫助，那些才是她可以用人情求助的人，憑什麼對合約的另一方說「你可以給我通融一下」？如果我也急需這筆錢周轉，難道要我無償去承擔損失和後果嗎？

有界限感、懂得尊重，關係才能舒服長久

最近對人與人之間的界限感感受頗深。界限感和契約精神，把一個人爲人處事的能力完完全全展現無遺。人與人之間的互動，或者連結，往往都來自於同頻共振，還有對彼此的喜歡和支持。但是，每個人都有自己爲人處事的法則，也有自己處理事情的方式與態度。畢淑敏說：「我們的生命，不是因爲討別人喜歡而存在。」阿德勒則認爲，一切人際關係矛盾，都起因於對別人的課題妄加干涉，或自己的課題被別人干涉。

成年人之間的關係，要給予愛，也要做到課題分離。作爲家人，要尊重對方的個性，給予愛與關懷；作爲朋友，除了喜愛對方的個性外，要容忍或者與其缺點保持距離，尊重對方的想

法與處理事情的態度。所有的關係，都是互相的。要有同理心，知道什麼時候能做什麼事，什麼時候要適可而止的停下來，否則就會冒犯別人的界限。這種有界限的友誼，才能夠長久地維持。

尊重，則是所有關係的原則和起點。尊重一個人，就是尊重他的認知，他的想法，以及他的決定。即使再緊密的關係，也要畫清一道名爲尊重的界線。彼此之間清楚地表達自己的觀點，不碰觸別人的底線，才是長久互動相處的基礎。

人與人之間要有邊界感，不同的關係之間要搞清楚彼此適當的距離，沒有搞清楚彼此的位置，過多的要求或者是不尊重對方的想法，只按照自己的認知行事，是幼稚且無禮的行徑。

人與人的互動，除了生意上的往來之外，其他的都是情分。你給予對方多少關心或者體貼，對方回饋給你的也都是彼此之間日積月累的養分。沒有這樣彼此滋養、相敬如賓的互動，又怎麼會有日久天長的友誼呢？當一方在某件事上畫出了一個界限，另一方能心領神會、自動的尊重對方的想法，如此雙方才有相處愉快的基礎。超過了合理範圍的界限，就是縱容、失控，除了會讓自己很不開心之外，還會喪失更多的自我，讓不尊重你的人更加不懂得尊重你，得不償失。

世間所有的關係，最好不過舒服二字。

有人說，人與人的互動只有兩種原因，第一個是能夠讓對方賺錢，有利可圖；第二個就是能夠讓對方開心，彼此有共同語言。這是人際關係最基本的常識。如果兩者都做不到，那麼君子之交淡如水，至少不要讓對方因爲你而煩悶或困擾；如果我不能讓對方的生活過得更好，至少我不能讓對方因爲我而感受到不舒服與不自在。

守住人與人的邊界感，畫好界線，不要委屈和困擾自己，也不要給別人造成麻煩，這是維持好人與人之間關係的基礎。

35°

練習分手

在愛情裡，誰不曾摔得灰頭土臉？把自己視爲弱者，唯恐對方先說不再愛了，懼怕自己因此顏面盡失。分開從來都是一道需要練習的課題。

《前任3：再見前任》的啟示

姊妹淘在群裡發來電影連結《前任3：再見前任》，這部片在對岸大火，票房大賣，於是我順手點開連結看了起來。影片講述孟雲（韓庚飾）和林佳（於文文飾）愛情長跑五年後，戀人關係似乎進入倦怠期，因一點小事就說分手。分手初期，孟雲與好友余飛一起在夜店派對與交友軟體上放飛人生，享受第二春，大肆慶祝黃金單身期。林佳卻痛不欲生，去吃了讓自己嚴重過敏的芒果，而來帶她去醫院急診的已不是當初的他。他們都拒絕挽回對方，死不認錯。等熱鬧散去，孟雲開始遺憾，自己一無所有時許諾林佳美好的未來，現在已經擁有了一切，林佳卻離開了自己的身邊。等兩人想去尋回對方時，對方身邊已有了他人。

好友們評價普普，有的說早已對前任沒了興趣，有的說前任早已是雲淡風輕，有的說「較勁變前任，妥協方久遠」。大家都在電影裡，悟出了自己的人生。

如果你在分手的路上，去看這部片吧；如果你在分手後的傷情裡，去看這部片吧；如果你在賭氣僵持的冷戰之中，去看這部片吧。影片裡會極寫實的告訴你，面對感情出問題後，男女不同的思維方式與態度。

也許有一天，再也沒有「我們」

時間流逝之間，伴隨著感情的疏離。或許，我們都不曾想過，那一次的分開是最後一次；我們都未曾預料，有一天再也沒有「我們」。失去，源於欠缺回首的勇氣；失去，來臨得太突然，我們還沒時間想像，更來不及規畫沒有對方的未來。原來，分手，是需要練習的。

愛情開始的時候，我們總是習慣將時限設定成「永恆」，好像我們的時間是沒有盡頭的，兩個人的關係，被拉成了一條無限長的延長線。我們從來沒有想過，這條線太細會打結，也從來沒有設定過它會在哪一刻停止。

相愛的時候，彼此關心，努力付出自己的全部。可是，有一天，某一方慢慢的變了，越來越淡，對於得到的越來越理所當然；有一方慢慢的被遺落在角落，開始懷疑「這份愛是否正確？」「這樣愛下去是否值得？」「爲什麼他變這麼多？」「爲什麼他選擇了別人？」「我到底哪裡錯了？」……當恆溫的愛情逐漸開始降溫，往日的甜蜜會流失、溫暖會結冰、熱情會冷淡，關心都變得有氣無力。

所有的相愛都是相似的，所有的分開各有各的原因。只是這些原因，並不在相愛之初的預設裡。你說：開始的時候，我們從不會想那麼多，只是喜歡和對方相處，覺得那些日子很甜也很溫暖。

是啊，如果我知道我們只有那短短的時間，我一定會少跟你吵架，少抱怨你，會更溫柔的對待你。但也可能，如果我知道這人生的道路上，你不是那個陪我到最後的人，我一定不會這樣掏心掏肺的愛你，更不會花那麼多時間等你的訊息，等你的電話，等你來看我，等你與我去你說要一起去的地方。我一定不會爲你花費這麼多的時間。

有些人會告訴你：人生的路上，總是有些人來了，有些人走了，註定要離開的那個人只是浮雲，他會成爲過去的；有人會說：舊的不去，新的不來；有的說：失去你，是他的損失；有人說：他不懂得珍惜，那是他的遺憾；也有人說：能忘掉舊愛的方法只有兩個，一個是時間，一個是新歡。如果忘不掉，一是時間不夠長，二是新歡不夠好。

這些都很有道理，你都懂啊。對，這些都對。但是當那個人轉身離開了，我的眼淚就是不爭氣，就是會哭不停；我的腦袋裡就是沒有辦法停止去想他。曾經記憶裡那麼多的美好，我怎能視而不見？他曾經是待我最好的人，如果不能在一起，我還能有誰？可是，說好的未來，那些未來怎麼就不見了呢？……腦袋裡滿滿的，都是那個人，我們想把時間塞滿不留空隙，我們想強迫自己做不一樣的事，去遺忘。我們甚至想趕緊找到新歡，不再被有關那個人的記憶騷擾。

總會有一天，想起時不再遺憾

「回頭看怕懦弱，往前走怕墜落，但我一定能學會，在想你的時候，不難過。」

終究有一天，想起他只是淡淡的微笑，不再為他哭泣，不再傷懷「我們」不再是「我們」，不再糾纏於有他的記憶。

終究有一天，我知道你再也回不來我的心裡。會有另外一個人，慢慢的走進我的生命。終究會有一天，你走成了記憶裡的前任。我沒有你想像的那麼堅強，只是面對時間，我不得不。分手，眞的需要練習的。

電影裡，有這樣一句台詞：男人失戀了，先放生，後回味。女人失戀了，先坍塌，後重生。當我們的生活出了岔子，愛情不再與我們招手，我們走向不同的路；失戀後更不在一個頻率上，傷成了兩條平行線。

女主角于文文創作的〈體面〉成了KTV的經典曲：「深愛了多年又何必毀了經典，都已成年不拖不欠，浪費時間是我情願……來不及再轟轟烈烈，就保留告別的尊嚴，我愛你不後悔也尊重故事結尾，分手應該體面，誰都不要說抱歉……」

也許很多男生都會有像男主角一樣的遺憾，當年一窮二白的時候陪在自己身邊多年的女孩，在自己物質豐裕的時候已經離開。我身邊也有這樣一位男性朋友。有次一起去爬山，他一路都在問我關於精品的項鏈。我問他：要買給誰？他說：前女友的生日要到了，想送她一條像樣的項鏈。曾經在一起的時候，她一直很想買一條好看的項鏈，那時候剛創業，手邊也沒有什麼錢，就買了一條幾百塊的項鏈給她，她也戴在身上。分手兩年多了，現在創業也算是小有成就了，上次約她喝咖啡，看她還戴著，就想買一條好點的精品項鏈，送她當生日禮物。

我問他：你還會想追回她嗎？朋友說：沒有啊，她已經有男友了，聽她說相處得滿好的。

我就笑他：還眞是絕世好前任啊。後來介紹了Tiffany笑臉的那條項鏈給他，很好看，價格幾萬塊，也在他覺得合理的範圍內。之後問他：那條項鏈送出了嗎？

他說：送出了啊，她很喜歡的收下，也算是彌補我當年的遺憾。

「有的愛人，彷彿註定要分開，就像一棵樹上的兩根樹枝，原本長在一起，但伴隨各自的發芽，漸漸分叉，往不同的方向生長，再也無法回首。」能夠體面的分別，不枉曾經在一起愛過那些日子。

人生每個不同的階段，會有不同的人停留，總有一些人來，有一些人離開。有的人，你走得離他近了，你就離另外一些人遠了，但是卽便是隔得再遠，我們都需要好好去告別。

多年後有幸從故事中抽身，多謝你放我淪爲局外人。我後來終於明白，你與我期許的未來不是未來，我要的是現在，我要的是通過現在去確定的未來。

我一直都感謝曾經出現在我生命中的你。我辜負過別人，也被別人辜負過，但不管是誰，我都心懷感激。謝謝你，曾經溫柔了我的歲月，驚豔了我的時光。

愛的時候請眞心，忘的時候請眞誠。讓我們，好好的分手，與「我們」說再見。

36°

讓我們，好好說再見

人生是開往墳墓的列車，當陪你走過一段的人要下車時，即使不捨，也該心存感激，然後揮手道別。

很多人會說「人定勝天」，彷彿只要人足夠努力，就能夠勝過天註定的命運。可是，天災人禍無處不在，命運多舛，人生太無常。或許，某一天，熟悉的人一個轉身後，此生我們再也沒有機會說再見。

普通的分離後就成永別

那天去參加朋友的公祭，我的眼淚始終沒有辦法停下來。他五十歲出頭，事業有成，經營幾家公司，身材消瘦，平時很注重保養，不抽菸、也很少喝酒，每天都慢跑，生活方式十分健康，爲人非常的和善，是很紳士的一位朋友。

我們兩個月前還一起打球，當時他談笑風生，然而卻無預警的傳來他的噩耗。剛開始聽說是他與友人一起聚餐喝酒，突然心肌梗塞走掉。詳細了解之後才知道，他作東請一些友人吃尾牙，大家喝酒喝太多，喝到不省人事。友人送他回家時，在計程車上，他說想吐，但沒有吐出來。當時友人也沒有多想，送他回家之後，他太太才發現他呼吸微弱，已經完全沒有意識。打一一九，醫生來時才發現：吐出的異物卡住呼吸道，已經錯過最佳搶救時間。隨後送進急診室，經過幾個小時的搶救之後，醫生宣布他已腦死。家屬只能在永遠無法醒來的「植物人」與「拔管」之間擇一，最後無奈的選擇了拔管。

聽了這樣的事情，我悲憤不已。那麼好的一個人，那麼大方、善良、善於管理生活的人，一直都健健康康的，怎麼就突然無預警的因爲一個好心的聚會，喝酒失誤而被奪走了生命呢！

時辰到了，老天讓人走，人似乎完全沒有任何選擇。世人也都說：沒有人知道明天與意外誰會先來臨。查理芒格最喜歡的一句諺語：如果我知道我會死在哪裡，那我絕對不去那個地方。我們只是宇宙裡的一隻小螞蟻，命運之神一不小心就捏死了。可以預期的事情，多半是能做好心理準備的，因此突發事件來臨的時候，它的衝擊力總不亞於天打雷劈。臥床生病許久的人離世，似乎都要給予祝福與恭喜，恭喜他終於不用再受磨難；可是，健康的一個人，突然間，沒有任何機會說再見就不再醒來，留下的那片空白中，藏滿了多少遺憾。

所有的分別，都敵不過死亡。我們的生命，也沒有第二次。即使有來世，我們也早已忘了前生。明天與意外不知道誰走在前面，生命有限，時間更有限。因此，每一次分開，都讓我們好好說再見。

帶著遺憾的天人永隔

大學畢業後，同班同學中只有一對班對沒有分手，依然相親相愛的在一起。女生是雲南白族人，白白淨淨、很顯瘦的女孩子，常常穿一條拖地的白色麻布裙、一雙夾腳拖，留著長髮，笑起來的時候會有小虎牙，我們都叫她默默。男生個子不高，黝黑的皮膚，帶著一點湖南口音，做事很沉穩，讀書時也是班上的班長。畢業後他們住在一起，男生努力工作打拼，女生在家洗衣煮飯，小日子過得有滋有味的。畢業第二年的時候，他們計畫一年內結婚。

某天，默默的姐姐結婚，她回去幫家人籌備婚禮。回娘家前，兩人還爲了一些小事拌了嘴，他是帶著一絲生氣送默默去機場的。那一天，天空一如往常，厚厚的白雲透著些許的陽光，太陽曬在皮膚上有溫暖的味道。兩個人談了五年戀愛，即將步入婚姻的殿堂，他們很相愛，也對未來充滿了期待，甚至婚後就開始備孕，準備生一個寶寶。

然而日子還沒開始呢。姐姐姐夫的婚禮結束後，姐夫開車，默默坐前座，姐姐坐後面，三人一起回姐姐新家的路上，被一輛大卡車給撞上。他接到對方家裡電話的時候，眼前一片黑，匆忙買了機票趕去醫院。默默跟姐夫陷入深層昏迷，身上多處骨折，只有姐姐是輕微擦傷，只需觀察是否有腦震盪。搶救了很久，眞的很久很久……

最後，默默與姐夫兩人一前一後的離開了。

男同學向我們敍述這件事的時候，已是三年後了，但是他的淚依然止不住，他的哽咽裡深藏著悲傷。他就這樣帶著很多的遺憾與傷心難過，單身了八年。

分開的時候，誰都想不到那是最後一次的別離。都以爲這是一次正常不過的分開，過幾天對方就會回來，日子不會有所改變，會一如既往的繼續。可是命運就是這樣，造化弄人，那一次機場的離別，變成了留下來的人深深的思念與自責懊惱：如果那一天他能好好的親親抱抱她，快樂的分開，那該有多好？如果他可以請假陪她一起回去，或許事情就不會發生了……相愛的人，離去的成了解脫，留下來的太煎熬。

聽他說，他後來把默默的骨灰拿回他們生活的城市，撒進了大海。這些年，他與默默的家人一直保持聯繫，默默的姐姐也是過著結婚當天失去摯愛之人、痛不欲生的生活。他們就這樣互相扶持著，走過了很多艱難的歲月。

因為不想遺憾，所以每一次都要好好說再見

每一段關係、每一次的相聚，都會有告別的時刻。我不想有任何的遺憾，因此每一次分開，我都會好好的說再見。

一個人一生中可以遇到幾萬人，能夠相識的也許有上千人，可是能夠熟識的只有不超過百人。在這百人當中，在遇到問題的時候，能夠真正關心你、給你幫助的能有幾人？怕是不超過二十人。

人生來是獨自一人，在這世上的寥寥數十載，穿過芸芸眾生，最後離開這個世界的時候，依然孤家寡人。這樣的孤獨，貫穿始終，中間那些有緣的人塡充了生命的色彩，卻終究都是會離開的過客。

我們應該學會「珍惜」，我們也該學會「斷、捨、離」。斷掉不重要的事，捨掉不必要的

物，離開不對的人；珍惜我們所擁有的，珍惜能給予我們最好最多快樂與祝福的。

我總是習慣，不管遇見誰都好好對待。不屑於我的，我抱之以微笑；對我微笑的，我抱之以感恩；對我有幫助的，我盡量的回饋；對我完全無所求而給予支持幫助的，我視之爲恩人、待之爲人生的老師，給予尊敬；需要我幫助的，我也盡我所能的去幫助他。

英國哲學家培根說：「任何人的財富，都不能成爲個人的最終生命價值。」因爲人生眞正的價值，不是你賺了多少錢，而是你善待了多少人，產生了多少幸福。只有用「善待」好好珍惜每一段相遇的緣分，才不會在離別來臨時留有遺憾。

告別，眞的很難。但只有我們努力過，珍惜過相處的時光，告別後的人生，才會變得比較簡單。你不知道一個轉身，會遇見誰。你也不知道，我們再見之後，是否能再見。

珍惜我們的相遇，珍惜我們要一起歡歌的約定；珍惜我們每一次的相聚，珍惜我們相處的每一分每一刻。如果我們總是要轉身回到各自的方向，在那之前，讓我們好好說再見。

37° 三十七度的關係

適度的付出與需求，讓自己活在最舒適的關係裡。

任何關係都有適當的距離，親如父母子女也是

友人小傑今年四十歲了，正在煩惱自己的職涯規畫。他很想離開原來人人稱羨的律師工作，換一個新的職業，他父親卻一直要他成立自己的律師事務所。他非常的苦惱，從小到大都是父母親決定自己的學校、專業、職業，讓自己做了根本不喜歡的工作這麼多年，現在卻還是要受父親的管束，不能決定自己想做的事。這種壓迫的關係，施加壓力的一方通常不易自覺，唯有承受壓力的一方承擔無限的困擾。

父母與子女的關係往往是這樣的：他們常常用長輩的姿態，在我們小的時候，告訴我們這也不行、那也不行，我們長大以後，又要求我們一定要這樣那樣，我們常常被束縛得喘不過氣來。這種過度的管教，會讓人不自覺的養成依賴。自己不想決定的事，就說：我爸（我媽）讓我做的。我媽說如何如何、我爸說如何如何……於是我們在做很多決定時，都會被困在一個框框裡。

這種關係，就像是一直發著四十度的高燒，太緊密，太熱，讓人壓抑得常常喘不過氣來。這種強勢的、不對等的關係，也有可能會延伸到男女朋友、夫妻之間，甚至是下一代與子女之間。

當我們在原生家庭裡，被父母的高壓教育方式影響過久，長大成人後，我們在做任何人生選擇的時候，可能都還是會說：我這麼做，都是因爲我爸（媽）要我這麼做；他們會強烈要求我怎麼做，很難溝通。和這種高壓的教育相伴而生的，是依賴型關係，一個人長大了，卻還無法爲自己的決定負責。

每一段關係，都有一個適當的溫度與距離，不冷不熱，不遠不近，我需要你時你在，你需要我時我聽得見、能回應，這就是最舒適的一種狀態。情侶愛人之間的關係如此，同事朋友之間的關係如此，父母與子女之間的關係，更是需要這樣的狀態。

磨合、受傷、學習、成長是關係中的必經之路

小時候會從童話故事裡尋找完美幸福的生活狀態，就像灰姑娘、白雪公主，不管她們的家庭有什麼變故，她們都有著善良、堅強的完美人格；長大一些會從小說裡尋找完美無瑕的主人公，就像是寫「你是人間四月天」的林徽因，生於書香世家，讀書一路順遂，與富有才華的情詩才子徐志摩有了浪漫的愛情，嫁給家世顯赫、爲人正直、富有才華的梁思成，婚後除了家庭，還能在建築事業上大展身手，過了富足而有意義的一生。這些主人公，不論在什麼樣的大

環境下，他們都能過得遊刃有餘、幸福美滿。

直到長大後，在各種關係裡面嘗受了各式的挫折，才慢慢知道，這世間沒有那麼多的完美，也沒有那麼多的堅韌。更多的是，在各種關係裡磨合、受傷、學習、成長。

奧地利心理學家阿德勒說：「幸福的人用童年治癒一生，不幸的人用一生治癒童年。」

然而世上擁有完美幸福童年的人，寥寥無幾。即使是那些世界首富，比如財富排行榜前十名裡的亞馬遜創始人貝佐斯，他出生的時候，他媽媽才十六歲，生下他後父母就離異了，他跟他的生父一點也不熟。再比如連續創業家，火星移民狂人，特斯拉創辦人艾隆馬斯克，他媽媽在三十一歲時離婚，他也是單親家庭長大。又如股神巴菲特老先生，雖然他父母沒有離異，但是他媽媽並不好相處，面對他媽媽的歇斯底里，他常常只得躲起來，無法面對。一直到她病危，他都還是很怕他媽媽。

人際關係當中，所有的痛苦，都來源於溝通不良。而所有的溝通不良，根本原因都是因爲，我們每個人都不一樣。誰都沒有辦法完全、百分之百的了解另一個人。無論你多麼的通情達理，有共情力，都無法對他人的想法感受完全感同身受。所有的矛盾，起源都是因爲，我們本來就不一樣。

從出生開始，父母扶養我們長大、教養我們，幾乎是與我們最親密的人。在原生家庭裡，我們會一步一步學會許多的生存技巧。或許是察言觀色，或許是言聽計從，或許是特立獨行，或許是毫無主見的事事迎合……不同的家庭，養育出不同個性、形形色色的我們。

既然你不可能完全的理解任何人，你自然也不可能改變任何人。而如果你想讓別人理解你眞實的想法，不想被別人牽著鼻子走，不想被改變，你就必須學會淸楚明瞭的表達自己的感受。

要學會表達，也要懂得體諒

如果我們在關係中感受到不舒服了，太熱了、太緊密，太燙了，我們一定要學習想辦法剝離這種處境。在高壓的家庭教育方式之下，是教育不出獨立自主的孩子的。要求父母發現他們自己的問題很困難，所以，我們必須要聽到自己內心的聲音！你心裡樂意被這樣束縛嗎？就像拿著一杯燙手的玻璃杯，太燙，你的手要知道放開。

我們要學會表達自己的感受，不管幾歲，你都可以哭，可以笑，可以悲傷，可以難過，也可以積極有力量。你得明確向周邊的人表達你的情緒以及眞實的想法，而不是在何時何地都表現得堅強、樂觀，聽話懂事，逆來順受。你要學會做自己，要知道如何表達自己。之前看過一句話說：如果你不做自己，誰來替你走你的人生？孩子嗎？孩子只是借了你的身體來到這個世上，他們也是獨立的個體。他們不會是你，也無法成爲你，或者你想像中的人，他們終究有自己的路要走。

所以，不要指望任何人能在你不表達的時候理解你，也不要指望別人百分百懂你，更不要指望有誰可以替你完成你想要的人生。

與另一半或孩子溝通的時候也是，你在與他們對話的時候，是不是明確地知道：他是有獨立思想的個體，要聆聽他的想法，先認同，再去異存同？只有把對方認定爲一個獨立的個體，而不是你的誰誰誰的時候，你才能清楚知道他眞實的想法，才能夠敞開心胸去溝通，而不是用感情綁架對方。

當然，也有反過來的狀況。有一些關係太疏遠冷漠，常常處在找不到人的狀態，就像冰箱的冷凍庫，冷得結冰。這種時候，就要看那個人對你來說重不重要了。如果是重要的親人，自然要適度的調節一下。

而無論在什麼關係之中，付出皆應是量自己心力而行。就像一些媽媽，年輕時選擇了家庭，離開了職場。在繁瑣的日常中，也或許是她本身就不善於家務與育兒，最後壓力大到爆棚，變得歇斯底里：我都是爲了孩子，我都是爲了這個家，我都沒有了自己的人生！

除了剛出生的嬰兒，已長大的我們每個人都有選擇，只是看你如何決定、放不放得掉不必要的掛慮，願不願意改變而已！選擇付出，就不要渴望別人給你一百分的感恩與回報。你的付出，只要在你願意且舒服的範圍內，剛剛好就好，超過了太累，就會極度渴望得到對方的回應。沒有回應的結局，反而讓自己變得暴躁。

所有的付出，甘之如飴就好。當然，生活沒有完美的天秤，完全的平衡永不存在。不負己心，對自己有個好的交代，那就是最好的狀態。

朋友間相處也是如此。如果有朋友覺得你靠得太近，已經讓他不舒服了，那麼無論你多麼的在意那段友誼，也要識相的留出距離，退到一個讓對方覺得舒適的位置。眞正的友誼是不會被距離、時間吹散的。不對等的付出，只會傷了彼此的心。你的放手並不是因爲看輕，而是因爲適度的體諒。

感受自己的真實想法，如實、清楚的表達自己；聽到別人的聲音，了解其處境，在認知後給予認同，然後放下我們不同的執著。適度的了解對方的想法，站在一個適當的位置，讓關係維繫在三十七度，不冷不熱，如體溫一般的溫度，相處起來才舒服自在。不會感到拘束，卻也有最溫暖堅實的陪伴。

國家圖書館出版品預行編目資料

37度，我們剛剛好／Wynne著. --初版.--臺中市：白象文化事業有限公司，2023.2
面； 公分
ISBN 978-626-7253-23-6（平裝）
1.CST: 修身 2.CST: 人際關係
192.1 111020673

37度，我們剛剛好

作　　者　Wynne
校　　對　陳姿妤
發 行 人　張輝潭
出版發行　白象文化事業有限公司
412台中市大里區科技路1號8樓之2（台中軟體園區）
出版專線：（04）2496-5995　傳真：（04）2496-9901
401台中市東區和平街228巷44號（經銷部）
購書專線：（04）2220-8589　傳真：（04）2220-8505
專案主編　李婕
出版編印　林榮威、陳逸儒、黃麗穎、水邊、陳媁婷、李婕
設計創意　張禮南、何佳諠
經紀企劃　張輝潭、徐錦淳、廖書湘
經銷推廣　李莉吟、莊博亞、劉育姍、林政泓
行銷宣傳　黃姿虹、沈若瑜
營運管理　林金郎、曾千熏
印　　刷　基盛印刷工場
初版一刷　2023年2月
定　　價　360元

貝曼投資股份有限公司

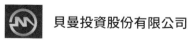